Reinhard Mohn
Vorträge und Schriften II

*Reinhard Mohn*

# Vorträge und Schriften II
1987–1996

| **Verlag** Bertelsmann**Stiftung**

Bibliografische Information der Deutschen Nationalbibliothek

Die Deutsche Nationalbibliothek verzeichnet diese Publikation in der Deutschen Nationalbibliografie; detaillierte bibliografische Daten sind im Internet unter http://dnb.d-nb.de abrufbar.

Einmalige Sonderausgabe nach dem Tod von Reinhard Mohn, herausgegeben von der Bertelsmann Stiftung.
Der vorliegenden Ausgabe liegen die Originalausgaben von Reinhard Mohns Schriften und Vorträgen als ungekürzte Lizenzausgaben für die Reinhard Mohn Gesamtausgabe, Verlag Bertelsmann Stiftung 2009, zugrunde.


*Verantwortlich: Karin Schlautmann*
*Herstellung: Sabine Reimann*
*Umschlaggestaltung: Bertelsmann Stiftung*
*Umschlagfoto: Daniel Biskup*
*Autorenfoto: Christoph Gödan*
*Gesamtherstellung:*
*Hans Kock Buch- und Offsetdruck GmbH, Bielefeld*
*Printed in Germany*
*ISBN 978-3-86793-062-8*

*www.bertelsmann-stiftung.de/verlag*

Reinhard Mohn wurde am 29. Juni 1921 in Gütersloh geboren. 1946 kehrte er aus amerikanischer Gefangenschaft zurück und übernahm die Leitung des familieneigenen Druck- und Verlagshauses. In über 40 Jahren führte er das Haus in die Spitzengruppe der internationalen Medienunternehmen. Die Struktur des Unternehmens ist geprägt von den Prinzipien Fairness, Partnerschaft und Gerechtigkeit. Sie sind Ausdruck seiner Vorstellung von Unternehmenskultur.

Im Jahr 1977 gründete Reinhard Mohn die Bertelsmann Stiftung. Sie setzt das gesellschaftspolitische, kulturelle und soziale Engagement fort und sichert die Unternehmenskontinuität. Die Mehrheit des Aktienkapitals der Bertelsmann AG ließ Reinhard Mohn 1993 auf die Stiftung übertragen. Sie spiegelt damit seine Überzeugung wider, dass sich große Vermögen der Sozialverpflichtung des Eigentums unterzuordnen haben.

Reinhard Mohn ist am 3. Oktober 2009 verstorben.

# Inhalt

# Wird der Unternehmer noch gebraucht?[1]

Über die Bedeutung des Unternehmers in unserer Wirtschaft gibt es derzeit unterschiedliche Auffassungen. Die größere Anzahl unserer Mitbürger steht dem Unternehmer nicht gerade ablehnend gegenüber, empfindet aber Unbehagen bei persönlichem Fehlverhalten, wie zum Beispiel Machtmißbrauch, überzogener Selbstdarstellung oder unangemessenem Lebensstandard. Die Kritik potenziert sich, wenn die auf dem privaten Eigentum beruhenden Führungsrechte an Unternehmererben geraten, die fachlich und charakterlich der Führungsaufgabe nicht gewachsen sind. In solchen Fällen wird der Umwelt allzu deutlich demonstriert, daß das kapitalistische System neben seiner Ungerechtigkeit auch erhebliche Führungsrisiken

1 Herausgegeben von der Bertelsmann Stiftung, 1987.

in sich birgt. Früher wurden solche Bedenken überdeckt durch spektakuläre Erfolge, die einzelne Unternehmer während der Gründerzeit erzielen konnten. Die heutigen Marktverhältnisse und gesellschaftlichen Rahmenbedingungen lassen solche für jedermann erkennbaren Erfolge nur noch selten zu. So ist es verständlich, daß Ruhm und Image des Unternehmers verblassen.

Es ist auch zu bedenken, daß das inzwischen erreichte demokratische Selbstverständnis unserer Bürger auf mehr Gerechtigkeit, Menschlichkeit und Selbstverwirklichung ausgerichtet ist. Hier haben sich neue Maßstäbe gebildet. Verhaltensweisen, die in dieses neue Bild nicht passen, werden entsprechend kritisch eingestuft. In der Tat ist es ja auch so, daß der liberale Kapitalismus sich niemals durch Menschlichkeit ausgezeichnet hat. Wenn sich die westlichen Demokratien trotzdem für die auf Eigentum begründete Wettbewerbswirtschaft entschieden haben, so geschah dies aus der Erkenntnis, daß keine andere Wirtschaftsordnung auch nur ähnlich gute Resultate bei der Versorgung des Marktes vorzuweisen hatte. Diese Begründung ist unseren Bürgern nicht immer deutlich. Entsprechend sollten wir Verständnis für ihre kritische Einstellung aufbringen.

Anders muß allerdings die Kritik der linken Systemverbesserer bewertet werden. Wenn diese Leute für sich ein wissenschaftlich abgesichertes Vorgehen in Anspruch nehmen, so ist anzumerken, daß ihre Propagierung der staatlich gelenkten Planwirtschaft in der Praxis total versagt hat und auch in der Theorie nicht schlüssig ist. Die entscheidenden Irrtümer in der Wirtschaftskonzeption des Sozialismus liegen erstens in der Unterschätzung des Schwierigkeitsgrades der Führungsaufgabe und zweitens in der Fehleinschätzung originärer menschlicher Wesensart. Der Versuch der Unterdrückung natürlichen individuellen Selbstverwirklichungsstrebens hat dort nicht nur die Leistungsbereitschaft der Menschen geschädigt, sondern vor allem ihrem Kreativitätspotential die Chance genommen. Dieses in unserer Zeit nicht zu begreifen und zuzugeben, kommt einer völligen Entwertung linker Kritik am Unternehmer gleich.

Noch relativ am besten wird der Unternehmer heute von den Menschen beurteilt, die ihn persönlich kennen und die Auswirkungen seiner Arbeit erfahren. Im Durchschnitt respektieren nämlich die Mitarbeiter eines Unternehmers die Haltung und Leistung ihres Chefs in erstaunlichem Umfang. Sie wissen auch um die Bedeutung seines Führungsbeitrages für ihr eigenes Wohlergehen. – In der Tat eine Argumentation von Gewicht!

Diese Einschätzung des Unternehmers in unserer Zeit möchte ich ergänzen durch eine Darstellung der Entstehung und Handhabung unternehmerischer Führung im Bereich der Wirtschaft. Meines Erachtens ist es gerechtfertigt, die früheren Tätigkeiten des Handwerkers, Kaufmanns und Bauern abzugrenzen von der unternehmerischen Funktion, die sich in dieser Form erst im 19. Jahrhundert ergab. Erst die Veränderung der gesellschaftlichen und wirtschaftlichen Verhältnisse nach der Französischen Revolution führte zu Bedingungen, die den uns heute bekannten Typ des Unternehmers prägten. Die Entwicklungen in Wissenschaft und Technik ergaben die Voraussetzungen für die Industrialisierung mit ihrer Massenproduktion. Der Abbau der Handelsschranken und verbesserte Verkehrsverhältnisse ließen zugleich Märkte von bisher unbekannter Größe entstehen. Der Wettbewerb war erst schwach ausgebildet und die Steuerlast minimal. Diese Bedingungen erlaubten eine üppige Kalkulation, verbunden mit einer hohen Eigenkapitalbildung. Selbst die damaligen Regierungen begrüßten und förderten diesen wirtschaftlichen Aufschwung – ohne wirksam zu reagieren, als sich die gesellschaftliche Unverträglichkeit des Systems abzeichnete. Wohl selten hat es für die Wirtschaft in einer Zeitepoche so enorme Expansions- und Gewinnchancen gegeben!

Die Wende dieser Entwicklung zeichnete sich ab, als unter dem Einfluß demokratischen Gesellschaftsverständnisses der Freiheitsraum des Unternehmers zunehmend durch gesellschaftliche und gewerkschaftliche Einwirkungen begrenzt wurde. Bis zum heutigen Tag dauert die Umformung der Wirtschaftsordnung an. Vieles ist in menschlicher Hinsicht verbessert worden. Die heutige Form der sozialen Marktwirtschaft kann als ein gesellschaftsverträglicher Kompromiß bewertet werden. Sicherlich ist aber dieser Entwicklungsprozeß noch nicht abgeschlossen. Nach der Lösung der sozialen Frage müssen wir nunmehr im Interesse der Menschlichkeit und Leistungsfähigkeit der Wirtschaft zugleich herausfinden, wie in der Welt der Arbeit die Zielsetzung der Selbstverwirklichung, der materiellen Gerechtigkeit und sozialen Verantwortung verbunden werden kann mit der uns abverlangten Evolutionsbefähigung und Leistungsfähigkeit. Mir scheint, hier zeichnet sich eine neue Jahrhundertaufgabe ab!

Die wirtschaftlichen Chancen der »Gründerzeit« zu erfassen und zu gestalten, war das Verdienst von Männern, für deren Wesensart und Tätigkeit sich später der Begriff des »Unternehmers« ausbildete. Diese Männer verstanden es, das Potential der entstehenden Märkte mit den sich rasch entwickelnden Fertigungsmöglichkeiten und Produkten zu verbinden. Ihre Leistung bestand darin, alle vom Fertigungs- und Verteilungsprozeß betroffenen sachlichen und personellen Komponenten richtig einzuschätzen und optimal miteinander zu verknüpfen. Dazu war außergewöhnliche Gestaltungskraft ebenso erforderlich wie Urteilsvermögen. Dieses aber sind Eigenschaften, die unter Menschen nur selten anzutreffen und nur begrenzt erlernbar sind. Im Verhältnis zu dem Millionenheer der Beschäftigten sind es relativ wenige Unternehmer gewesen, die mit ihrer kreativen Befähigung die wirtschaftliche Evolution der Zeit bestimmten. – In diesem Zusammenhang ist bemerkenswert, wie gering wir heute bei all den vielen Vorschlägen zur Verbesserung unserer Wirtschaftsordnung die Bedeutung unternehmerischer Tätigkeit bewerten. Mancher Theoretiker glaubt, daß Systematik und Fleiß allein schon den Erfolg gewährleisten. Aber man möge sich nicht täuschen: Ohne die kreative unternehmerische Leistung wird es keinen spürbaren Fortschritt in unserer Wirtschaft geben!

Nachstehend möchte ich zum besseren Verständnis der Thematik die Besonderheit unternehmerischer Arbeit und Wesensart beschreiben. – Mir scheint, daß gerade beim Unternehmer der Wunsch nach Selbstverwirklichung, Bewährung und Erfolg besonders ausgeprägt ist. Dieser Typus will seinen eigenen Weg gehen. Er bringt dazu Mut und Engagement mit, und er braucht viel Freiheit. Konventionen und überlieferte Weisheiten hinterfragt er kritisch. Früher als andere Menschen verspürt er neue Entwicklungen und Möglichkeiten. Er ist bereit, für die Durchsetzung seiner Überzeugung jegliche Last auf sich zu nehmen. Und diese Lasten sind beim Beschreiten neuer Wege nicht gering! So wird dem Unternehmer ein außergewöhnliches Maß an Mut, Kraft und Durchhaltevermögen abverlangt. Er muß es ertragen können, lange Zeit auf den Erfolg zu warten. Hohn und Spott seiner Zeitgenossen dürfen ihn nicht verunsichern.

Als Leiter eines Wirtschaftsunternehmens muß er insbesondere Menschen beurteilen, motivieren und führen können. Eine solche Fähigkeit setzt eine entsprechende Sensibilität voraus. Von allen Aufgabenstellungen des Unternehmers hat wohl inzwischen die Personalarbeit den wichtigsten Rang eingenommen. Der Unternehmer selbst bedarf einer klaren persönlichen Zielsetzung oder Lebensphilosophie, die seine Haltung bestimmt und seine Tätigkeit in ein positives Verhältnis zu seinen Mitmenschen setzt. Die frühere Interpretation seiner Zielsetzung als Gewinnmaximierung ist für den Unternehmer unserer Zeit unzureichend und gefährlich zugleich! Der Unternehmer muß im Rahmen unserer Gesellschaftsordnung seine mit vielen Rechten verbundene Tätigkeit zugleich auch als eine Verpflichtung gegenüber der Gesellschaft begreifen. Er sollte trotz des in unserer Verfassung garantierten Rechtes auf Eigentum beachten, daß dort auch mahnend steht: »Eigentum verpflichtet!« Dieser Sachverhalt begründet auch die von unseren Unternehmern vielfach noch unzureichend wahrgenommene Verpflichtung, die Gesellschaft und insbesondere die Mitarbeiter über Ziele und die Entwicklung des Unternehmens zu unterrichten. Wenn der heutige Unternehmer falsch verstanden und oft genug unzutreffend beurteilt wird, ist das in nicht geringem Maße auch auf seine eigenen Versäumnisse im Bereich der Information zurückzuführen.

Über alles Wissen und alle Intelligenz hinaus braucht der Unternehmer einen Sinn für das Mögliche und damit zugleich Phantasie und visionäre Kombinationsfähigkeit. Diese Eigenschaften müssen gepaart sein mit Gestaltungskraft und Urteilsfähigkeit. Auch das Durchhaltevermögen des Unternehmers spielt bei der kreativen Leistung eine wichtige Rolle. Die erlösende Idee, der gedankliche Durchbruch kommen nicht ohne Bemühen und nicht sofort. Es ist manchmal auch falsch, konzentriert ein Problem anzugehen. Häufig stellt sich nämlich die optimale Lösung erst ein, wenn sich in einer Zeit der Muße und bei eher meditativem, spielerischem Denken plötzlich eine Kombination von Faktoren abzeichnet, die zu einer verwertbaren Lösung ausgebaut werden kann. – Zwar beflügelt den Unternehmer die Überzeugung, auf dem richtigen Weg zu sein, aber er weiß auch, daß zu jedem neuen Schritt Risikobereitschaft und Mut gehören. Diese Gefährdungen und die sich oft einstellende Einsamkeit dürfen den Unternehmer nicht anfechten. Sie gehören zu seiner Arbeit und seiner Welt – ebenso wie die Freude am Gestalten und das große Glück, welches die Bestätigung durch den Erfolg auslöst. Wenn wir versuchen, den Typus des Unternehmers unter den wirtschaftlichen und gesellschaftlichen Bedingungen des 19. und 20. Jahrhunderts zu charakterisieren, so scheinen mir die nachstehenden Thesen gerechtfertigt zu sein.

Das liberale und strikt erfolgsorientierte System der Marktwirtschaft bewirkte neben vielem anderen insbesondere eine hervorragende Auswahl und Ausbildung der in der Wirtschaft führenden Persönlichkeiten. Kein anderes Ordnungssystem hat bis zum heutigen Tage eine bessere Auslese getroffen, als dies der Markt mit seiner harten Bewährungsprobe vermocht hat. Diese Bewertung gilt sowohl für den Aufstieg eines Unternehmers als auch für seinen Untergang. Es lohnt, an dieser Stelle einen Vergleich mit der entsprechenden Personalarbeit im öffentlichen Dienst anzustellen. Die Fehlleistungen, die mangelnde Flexibilität und die unzureichende Produktivität im Bereich der öffentlichen Hand zeigen drastisch, wie man es nicht machen darf! – Der Unternehmer hat keinen Anspruch auf Sicherheit und soziale Hilfestellung. Er muß Erfolg haben – oder abtreten. Dies sind die Spielregeln des Wirtschaftssystems, welches sich bisher in allen Teilen unserer Welt als das erfolgreichste bewährt hat. Keine noch so differenzierte Planwirtschaft hat die personellen Führungsressourcen so gut gelenkt – und den Markt so gut versorgt. Die in unserer Zeit stets erhobene Forderung notwendiger sozialer Rücksichtnahme ist beim Unternehmer selbst fehl am Platze. Dieser erwartet und fordert das auch gar nicht. Die Chance der Bewährung und die Freiheit zum Gestalten sind für ihn viel wichtiger. – Wir müssen allerdings sehen, daß das unternehmerische Risiko in unserer Zeit der Großbetriebe nicht nur den Unternehmer persönlich betrifft. Deshalb ist es erforderlich, die Arbeitsprämisse des Unternehmers nach freier Entfaltung in Einklang zu bringen mit einer notwendigen Risikobegrenzung für die Gesellschaft. Ein solcher Kompromiß bedeutet zwar ein Stück weniger unternehmerischer Freiheit, ist aber deshalb noch nicht systemsprengend. Schließlich wollen wir auch nicht übersehen, daß heute der internationale Markt dem Unternehmer sehr viel größere Erfolge ermöglicht als in früherer Zeit.

Die Wirksamkeit des marktwirtschaftlichen Systems beruht nicht zuletzt darauf, daß sich in ihm eine hohe Übereinstimmung zwischen den Anforderungen der gestellten Aufgabe und der persönlichen Motivation der Unternehmer ergab. Der Markt verlangte den Erfolg. Der Unternehmer suchte ihn als Ausdruck seines Strebens nach Selbstverwirklichung. Der Markt verlieh Reichtum, Macht und Ansehen – Attribute, die wohl die meisten Menschen verlocken. Die Aufgabenstellung des Unternehmers in der Marktwirtschaft gewährte Selbständigkeit und Freiheit – Bedingungen, die gerade ausgeprägte, eigenständige Menschen suchen. Wir müssen bei dieser Charakterisierung auch auf das wiederholt bei großen Unternehmern anzutreffende gesellschaftliche und ethische Engagement verweisen. Dieses war zwar in früherer Zeit keine unabdingbare Prämisse des Erfolges, hat aber in vielen Fällen zur Stabilität der Unternehmen entscheidend beigetragen. – Die Übereinstimmung der gegebenen Arbeitsbedingungen und der persönlichen Zielsetzung des Unternehmers wird besonders deutlich bei einem Vergleich mit der Aufgabenstellung der Führungskräfte im staatlichen Bereich. Der Selbstverwirklichung sind dort durch ein komplexes Netz von Gesetzen und Vorschriften enge Grenzen gesetzt. Wenn man akzeptiert, daß für den Erfolg das Führungssystem den entscheidenden Einfluß ausübt, kann man sich leicht erklären, worauf das bedauerliche Leistungsniveau der öffentlichen Hand zurückzuführen ist. – Das marktwirtschaftliche System, dessen Repräsentant der Unternehmer ist, darf jedenfalls für sich in Anspruch nehmen, die Bedürfnisse der Menschen besser befriedigt zu haben als alle planwirtschaftlichen Alternativen. Ganz besonders muß darauf verwiesen werden, daß die Wettbewerbswirtschaft bezüglich der für unseren Lebensstandard wichtigen Evolutionsbefähigung der Planwirtschaft überlegen ist. Auch dieser Vorteil, der sich ganz wesentlich aus der Arbeit freier unternehmerischer Kreativität ergibt, muß als ein wesentlicher Bestandteil des marktwirtschaftlichen Systems gewürdigt werden.

Es wäre falsch und unredlich, wenn wir den Vorteilen der von Unternehmern geprägten Marktwirtschaft nicht auch ihre Nachteile gegenüberstellen würden. – Die Marktwirtschaft ist auf Leistung und Erfolg ausgerichtet. Sie braucht liberale Arbeitsbedingungen und ist stets bestrebt, Hindernisse auszuräumen oder zu umgehen. Als solche Hindernisse empfindet sie auch notwendige Eingriffe des Staates, selbst wenn diese zum Beispiel mit der Kartellgesetzgebung der Aufrechterhaltung ihres eigenen Bestandes dienen. Andere gesellschaftliche Erfordernisse, die ihren Ausdruck finden in der Sozial- oder Steuergesetzgebung, werden nur widerstrebend akzeptiert. In der Tat haben wir ja auch erfahren, daß die optimale Grenzziehung zwischen dem Freiheitsraum für die Wirtschaft und der berechtigten Rücksichtnahme auf Belange der Gesellschaft eine schwierige und wohl niemals endgültig zu lösende Aufgabe darstellt. Hier liegen sicher noch weitere Lernprozesse vor uns: Die Wirtschaft muß begreifen, daß sie ohne stabile gesellschaftliche Verhältnisse langfristig keinen Erfolg haben kann, und die Gesellschaft sollte einsehen, daß der Freiraum der Wirtschaft eine Prämisse ihrer Leistungsfähigkeit ist.

Es ist sehr ermutigend zu erleben, wie sich in unserer Zeit in dieser Hinsicht zunehmend eine Konvergenz der Auffassungen ergibt. Es scheint mir sogar möglich zu sein, daß nach zwei Jahrhunderten auf den Schutz des arbeitenden Menschen ausgerichteter Sozialpolitik nunmehr vorrangig Initiativen entstehen, welche Arbeit und Leistung als wesentliche Teile menschlicher Selbstverwirklichung begreifen und entsprechend mehr Freiheit und Selbstverantwortung in der Arbeitswelt fordern. Als Beispiel dafür möchte ich das zunehmende Engagement von immer mehr Mitarbeitern nennen, welches sich als Folge der Delegation der Verantwortung und im Rahmen der Mitbestimmung am Arbeitsplatz ergibt. So könnte ich mir vorstellen, daß die gegenwärtige Form der sozialen Marktwirtschaft in unserem heutigen Streben nach mehr Humanität eine Wandlung zu liberaleren Verhältnissen und einem stärkeren Engagement aller Beschäftigten erfährt. Jedenfalls ist mir eine solche Evolution vom liberalen Kapitalismus über die soziale Marktwirtschaft zu menschlicheren und wirkungsvolleren Arbeitsformen eher vorstellbar als ein Erfolg aller derzeitig zu beobachtenden Reformansätze in der Wirtschaft der sozialistischen Länder. Den Kapitalismus kann man ohne entscheidende Substanzverluste gesellschaftsverträglich gestalten. Ob es dem Osten gelingen wird, ein nur annähernd gleich effizientes Wirtschaftssystem zu entwikkeln, erscheint recht unglaubhaft. Der Hauptgrund für diese negative Einschätzung liegt darin, daß man es im Osten nicht versteht, die Bedingungen menschlicher Motivation im Wirtschaftssystem wirksam werden zu lassen.

Den gegenseitigen Einfluß von Gesellschaftsordnung und Wirtschaftssystem sollten wir nicht unterschätzen! Um die derzeitigen Rahmenbedingungen für unsere doch recht leistungsfähige Wirtschaft zu verstehen, müssen wir nun einen kurzen historischen Rückblick tun. – Im Verlauf des 19. Jahrhunderts veränderte die sich durchsetzende demokratische Staatsform das Selbstverständnis der Menschen. Aus Untertanen wurden Bürger – mit eigenen Vorstellungen über die Gestaltung ihres Lebens und ihres Verhältnisses zum Staat. Die Gewerkschaften begleiteten diese Entwicklung in ihrer Rolle als Sprecher der Arbeiter und Angestellten und mit der Durchsetzung sozialer Schutzbestimmungen gegen Not, Überforderung und Krankheit. Parallel dazu wurden die Rechte des Kapitals erheblich beschnitten und die Kapitalbildung der Unternehmer stark reduziert. Hier wurde eine Veränderung des Kapitalismus eingeleitet, deren Folgen heute noch nicht bewältigt sind. – Aus Gründen der Gerechtigkeit müssen wir uns für eine breitere Vermögensstreuung einsetzen. Aber wir dürfen dabei nicht übersehen, daß sich dann die Arbeitsprämissen und die Motivationselemente für die Unternehmer erheblich verändern. Aus diesem Sachverhalt ist keineswegs der Schluß zu ziehen, alles beim alten zu lassen. Wir müssen uns um neue Einstellungen und Ordnungen bemühen, die der sich abzeichnenden Entwicklung Rechnung tragen. Diese Bemühungen zur Weiterentwicklung des kapitalistischen Systems halte ich für viel dringender als die weitere Perfektion des sozialen Netzes. Für mich ist es nicht nur eine Vermutung, sondern eine Gewißheit, daß sich für die vor uns stehenden Reformaufgaben in Wirtschaft und Gesellschaft Lösungen finden lassen. Allerdings wird die Durchsetzung neuer Strukturen in der Wirtschaft harte Auseinandersetzungen zur Folge haben und viel Zeit erfordern. Wir wollen hoffen, daß wir diesen Wandlungsprozeß bewältigen bei Aufrechterhaltung der Bedingungen, unter denen unternehmerische Kreativität wirksam werden kann!

Die Transformation des Kapitalismus ergibt sich aber nicht nur aus veränderten gesellschaftlichen Strukturen. Auch die Wirtschaft selbst wurde vor völlig neue Aufgaben gestellt. Infolge des Fortschritts in Wissenschaft und Technik nahmen die Vielfalt und Qualität der Produkte rasch zu. Der internationale Wettbewerb beschleunigte diese Tendenz und löste eine für die Wirtschaft gänzlich unbekannte Evolutionsgeschwindigkeit aus. In vielen Produktionsbereichen waren nur noch riesige Anlagen mit einer gewaltigen Kapitalausstattung den Anforderungen des Marktes gewachsen. Mit der bis dahin üblichen Führungstechnik des Unternehmers waren solche Aufgaben ebensowenig zu bewältigen wie sich das Privatvermögen des Unternehmers als unzureichend für die Dekkung des Finanzbedarfs erwies. Zusammengenommen führte diese Entwicklung zu einer erheblichen Steigerung des Schwierigkeitsgrades unternehmerischer Arbeit bei gleichzeitiger Einbuße ihrer früheren Anreize. So erklärt es sich, daß in unserer Zeit die früher bewährte Funktion des Unternehmers immer mehr in Frage gestellt wird. Zwar beobachten wir noch im Mittelstand den Unternehmer in einer annähernd gleichen Rolle wie früher, aber auch hier ergeben sich zunehmend Qualifikationsprobleme und Finanzierungsschwierigkeiten. Die früher normale Kontinuität einer Firma in Besitz und unter Führung einer Familie kann heute kaum noch als eine weiterführende Lösung angesehen werden. In allen Betrieben rükken Experten und Manager in der Unternehmenshierarchie auf und verdrängen den Eigentümer-Unternehmer. In unseren Großbetrieben ist dieser Prozeß schon so weit fortgeschritten, daß man von einer vollzogenen Trennung von Führung und Kapital sprechen kann. Unter dem Eindruck gewandelter Bedingungen hat sich eine völlig andere Unternehmensstruktur ergeben. So stellt sich uns die Frage, welche Auswirkungen diese eher zwangsläufigen Veränderungen auf die Funktionstüchtigkeit der kapitalistischen Wirtschaftsordnung haben werden. Zur Vorbereitung der Folgerungen nachstehend einige Überlegungen:

- Die ursprünglich autoritäre Führungstechnik des Unternehmers wird der Aufgabenstellung in unserer Zeit nicht mehr gerecht. Der Unternehmer muß lernen, Funktionen zu spezialisieren, Verantwortung zu delegieren und zu koordinieren. Seine Aufgabe liegt immer weniger in der Ausgestaltung einzelner Tätigkeiten als in der Koordination und Wichtung der verschiedenen Leistungskomponenten. Zugleich bleibt es seine vornehmste Aufgabe, den Kurs der Unternehmenspolitik zu bestimmen.
- Die Evolution ist ein nicht mehr fortzudenkendes Element unserer Zeit geworden. Sie erfordert Kreativität und Gestaltungsvermögen. Die Aufgabenverteilung innerhalb des Unternehmens verlangt zunehmend, solche Befähigungen auch bei untergeordneten Führungskräften und Spezialisten auszubilden. – Dabei muß der Unternehmer begreifen, daß Kreativität und Einsatz-

bereitschaft eine Identifikation der Betroffenen mit der Zielsetzung und Verhaltensweise des Unternehmens voraussetzen. Entsprechend muß sein Führungsstil in bezug auf die Meinungsbildung und Kooperation dem Selbstverständnis der leitenden Mitarbeiter Rechnung tragen.

- Die Finanzierungserfordernisse übersteigen immer mehr die Kapitalbildungsmöglichkeiten des Unternehmers. Bei den sich heute anbietenden Alternativen der Finanzierung sollte der Unternehmer bedacht sein, Kapitalgeber zu gewinnen, die seiner Einstellung zum Unternehmen möglichst nahestehen. Die Beteiligung von Führungskräften und Mitarbeitern am Unternehmenskapital bietet dazu neben der Finanzierung eine gute Möglichkeit, die Funktion des Kapitals im Unternehmen verständlicher zu machen und Entscheidungen im Sinne des Unternehmens zu erleichtern. Insbesondere die Führungskräfte werden auf diesem Wege zu unternehmerischem Denken und Handeln erzogen. Auch wenn es nicht einfach sein wird, unter den Führungskräften durch Delegation der Verantwortung und Beteiligung an Erfolg und Finanzierung unternehmerisches Verhalten auszulösen, muß dieser Versuch gemacht werden. Je näher man der Zielsetzung unternehmerischen Verhaltens kommt, um so besser wird dieses für die Führungsleistung des Unternehmens sein. Wir sollten nämlich nicht übersehen, daß die eingetretene Aufsplitterung der unternehmerischen Funktion in Führung und Kapital eine Verschlechterung der Funktionstüchtigkeit des kapitalistischen Systems bedeutet. Oft genug ist zu beobachten, daß Manager persönliche Ziele, die mit Glanz und Größe des Unternehmens verbunden sind, höher bewerten als eine ausgewogene Firmenpolitik. Und auf der anderen Seite beobachten wir zunehmend den Kapitalisten, der nur noch an der Dividende, aber nicht am Wohlergehen seines Unternehmens interessiert ist.

- Die sich vergrößernde Distanz von Kapital und Führung wirft auch die Frage auf, ob die für die Wirksamkeit des Kapitalismus wichtige Lenkungsfunktion des Kapitals noch hinreichend wahrgenommen wird. Die Einwirkungen der Hauptversammlungen und der Aufsichtsräte auf die Unternehmensführung werden zwar entsprechend dem Aktiengesetz gehandhabt, ob eine solche Praxis aber als ausreichend bewertet werden darf, möchte ich energisch in Frage stellen. Im Regelfall ist nämlich der Einfluß des meist nicht am Unternehmenskapital beteiligten Vorstands in der Willensbildung einer Aktiengesellschaft dominierend. Die Einbeziehung der Vertretungen des Kapitals in den Entscheidungsprozeß erfolgt nur gezwungenermaßen und wird oft genug als störend empfunden. Dazu ist festzustellen, daß bei dieser Entwicklung eine der Stärken des Kapitalismus, nämlich die Durchsetzung des Kapitalinteresses bei der Gestaltung der Unternehmenspolitik, in Frage gestellt wird. Zwar befindet sich diese Problematik seit geraumer Zeit in der Diskussion, nennenswerte gesetzliche oder praktische Konsequenzen sind aber bisher nicht festzustellen. Unserer Zeit ist deshalb die Aufgabe gestellt, dieser Entartung des kapitalistischen Systems entgegenzutreten. Praktisch führt das zu der Forderung, eine bessere Vertretung des Kapitals durchzusetzen. Diese muß in der Lage sein, einen zeitnahen und qualifizierten Dialog mit der Exekutive zu führen. Die Wahrnehmung der Überwachungsaufgabe ist nicht ausreichend, vielmehr sollte die Meinungsbildung im Vorstand durch Beratung und Dialog beeinflußt werden. Es muß erreicht werden, daß die Zusammenarbeit von Vorstand und Aufsichtsrat wieder möglichst nahe an die unternehmerische Führungspraxis herankommt!

- Die Abweichung von der ursprünglichen Arbeitsweise des Unternehmers ist auch durch die heutige Praxis bei Auswahl und Ausbildung des Führungsnachwuchses begründet. Zu einseitig wird versucht, dem gestiegenen Schwierigkeitsgrad durch ein umfangreicheres Bildungsangebot beizukommen. Kritisch muß hier angemerkt werden, daß es uns noch nicht gelungen ist, eine brauchbare Synthese zwischen Wissen, praktischer Erfahrung und menschlicher Bildung zu finden. Derzeit wird die Bedeutung des theoretischen Rüstzeugs völlig überbewertet. Der menschliche Bildungsprozeß und die praktische Erfahrung kommen zu kurz. So ist wohl Professor Hans Werner von der »Kaderschmiede« für Führungskräfte in Fontainebleau zuzustimmen, wenn er formuliert: »Die europäischen Unternehmen und Universitäten produzieren nach wie vor einen Überschuß an fachlich zwar qualifizierten und fleißigen, meist aber nur wenig kreativen und kaum genialen Führungskräften.« Als Fazit bleibt also festzuhalten, daß auch auf dem Gebiet des personellen Nachwuchses die Weichen noch keineswegs auf unternehmerische Führungskräfte gestellt sind.

- Schließlich ist noch anzumerken, daß die veränderten Arbeitsbedingungen die Attraktivität unternehmerischer Tätigkeit stark vermindert haben. Manch älterer Unternehmer hat resigniert, und manche Führungsnachwuchskraft glaubt, in anderen Karrieren bessere Möglichkeiten zu haben. Zwar fördert der Staat Existenzgründungen und betont die Bedeutung des Unternehmers in der Wirtschaft, aber er tut dies nur halbherzig, und ich bin überzeugt, daß die zuvor beschriebenen Hindernisse für den Erfolg des Unternehmers mit den Mitteln der bisherigen Initiativen nicht ausreichend abgebaut werden können.

Wenn man nun versucht, den vorstehend beschriebenen Prozeß zu werten, stellt sich in der Tat die Frage, ob in der Zukunft der Unternehmer noch gebraucht wird. Ist es etwa so, daß die neuen Aufgaben in der Unternehmensführung und eine weiterentwickelte Führungstechnik den Unternehmer, der zwei Jahrhunderte erfolgreicher Wirtschaftsgeschichte prägte, überflüssig gemacht haben? Um diese Fragestellung richtig zu beantworten, ist es hilfreich, den führungstechnischen Leistungsstand der großen internationalen Kapitalgesellschaften zu analysieren. Bei diesem Bemühen muß man sich allerdings vergegenwärtigen, daß frühere Erfolge in der Lage sind, über lange Zeiten schwache gegenwärtige Führungsleistungen zu überdecken. Entsprechend ist es mit einer Beurteilung der Führungsleistung in Gestalt einer Momentaufnahme, zum Beispiel der Auswertung einer Bilanz, nicht getan. Eher erscheint es hilfreich, die Gründe für den permanenten Wechsel in der Rangfolge der größten Unternehmen dieser Welt zu analysieren. In diesem Auf und Ab drükken sich natürlich verschiedene Faktoren, wie zum Beispiel Marktveränderungen und neue Produktentwicklungen, aus. Mir scheint aber, daß in den meisten Fällen für den Aufstieg und den Abstieg eines Großunternehmens in erster Linie die Führungsleistung verantwortlich war. Die entscheidenden Fehler der Führung möchte ich nachstehend aus meiner Sicht definieren. Es sind dies:

*Erster Fehler*
Zentralistische und autoritäre Führungssysteme, die weder der Größe noch dem Schwierigkeitsgrad der Aufgabenstellung gerecht werden.

*Zweiter Fehler*
Die Überforderung der Unternehmensspitze in bezug auf Kreativität und Flexibilität, die erforderlich sind, um im internationalen Wettbewerb mit der Evolution Schritt zu halten.

*Dritter Fehler*
Die unzureichende Beachtung der Tatsache, daß sich in unserer Zeit das Selbstverständnis der Mitarbeiter entscheidend geändert hat und die Möglichkeit der Selbstverwirklichung und menschlicher Arbeitsbedingungen sucht und fordert.

*Vierter Fehler*
Man begreift nicht, daß die gesellschaftliche Entwicklung in Wirklichkeit über die Definition des Unternehmensziels als Gewinnmaximierung hinausgeführt hat. – Heute muß das Unternehmensziel als optimaler Leistungsbei-

trag für den Markt unter Berücksichtigung der Interessen von Kapital, Management und Arbeit definiert werden.

Für manche dieser Mängel sind in Theorie und Praxis bereits Lösungen gefunden worden. Der Zusammenhang der verschiedenen Schwachstellen wird aber nicht hinreichend beachtet. Erst wenn wir begreifen, daß Strukturen und Regeln gefunden werden müssen, welche die Identifikation der Betroffenen mit der Aufgabenstellung auf breiter Basis bewirken und damit das Fundament für eine Multiplizierung von Kreativität und Einsatzbereitschaft legen, dürfen wir hoffen, den uns heute gestellten Aufgaben zu entsprechen. In Wirklichkeit schlummert nämlich in dem gewaltigen Heer der Beschäftigten in der Wirtschaft genau das Leistungspotential, welches unsere Großbetriebe am nötigsten brauchen. Von Ausnahmen abgesehen, haben wir es aber bisher noch nicht verstanden, diese Kräfte freizusetzen. – Auf dem Wege zur Lösung dieser führungstechnischen Jahrhundertaufgabe lohnt es sich, noch einmal zurückzuschauen und den seinerzeit überaus erfolgsträchtigen Arbeitsstil des Unternehmers dazu in Bezug zu setzen: Der Unternehmer hat die ihm gestellte Aufgabe, wirtschaftliche Möglichkeiten zu erfassen und zu gestalten, unter relativ einfachen Bedingungen optimal bewältigt. Die Veränderung gesellschaftlicher und wirtschaftlicher Voraussetzungen hat später zu seiner Überforderung geführt. – Der führungstechnische Versuch, durch Spezialisierung, Delegation und Koordination gleichwertige Führungsleistungen zu erzielen, ist nicht gelungen. Während Größe und Schwierigkeitsgrad der Aufgabe mehr oder weniger bewältigt wurden, konnte die Komponente der unternehmerischen Kreativität nicht befriedigend übertragen werden.

Ursprünglich resultierte der Erfolg des Unternehmers aus einer hohen Übereinstimmung persönlicher Begabungen und Ziele mit der ihm gestellten Aufgabe. In unserer Zeit arbeiten die Führungskräfte in der Wirtschaft nicht mehr unter gleichartig zielkonformen und motivierenden Bedingungen. – Beim Eigentümer-Unternehmer wirkten die Sanktionen für Fehlverhalten radikal. Heute wird unzureichende Führungskompetenz erst spät erkannt und weniger konsequent geahndet. Trotz aller Bemühungen um den Führungsnachwuchs gelangen immer mehr Manager als Unternehmer in die Schaltstellen der Wirtschaft. – Die für die Strukturierung unserer Gesellschaft verantwortlichen Politiker sind mehr auf Menschlichkeit und Gerechtigkeit bedacht als auf wirtschaftlichen Erfolg und Evolutionsbefähigung. Die Bedeutung unternehmerischer Kreativität und gestalterischer Initiative für den Lebensstandard und die Entwicklung unserer Gesellschaft wird nicht ausreichend erfaßt.

Nach dieser Analyse der Bedingungen und der Entwicklung unternehmerischer Tätigkeit einerseits und der Bewertung alternativer Führungsformen andererseits stellt sich die Frage, ob und wie unser sich auf privates Eigentum gründendes kapitalistisches Wirtschaftssystem in Zukunft erfolgreich arbeiten kann. Zu Beginn solcher Überlegungen erscheint es mir hilfreich, die zeitlich parallel verlaufende Strukturveränderung in der Wirtschaft der sozialistischen Länder zu bewerten. Sehr verkürzt möchte ich die dortige Entwicklung auf den Umstand zurückführen, daß der Staatskapitalismus der Schwierigkeit der Aufgabenstellung nicht gewachsen ist und – was in den Auswirkungen viel gravierender ist – mit seinem Dirigismus die für Leistung und Fortschritt unentbehrlichen Impulse unternehmerischer Menschen unterdrückt. Es ist interessant und bedauerlich zugleich, daß die unabweisbar gewordenen Reformen in den Ländern des Staatskapitalismus diese entscheidende Voraussetzung erfolgreicher Wirtschaftstätigkeit nicht beachten.

Für unsere eigenen Überlegungen müssen daraus aber Konsequenzen gezogen werden. Die Tendenz der Entwicklung in der Struktur und Arbeitsweise unserer Unternehmen darf deshalb nicht in erster Linie auf mehr Systematik zielen, sondern vielmehr auf eine richtigere Positionierung des Menschen im Arbeitsprozeß. Ich erinnere daran: In den vergangenen Jahrhunderten war der Unternehmer deshalb erfolgreich, weil die Aufgabenstellung seiner persönlichen Zielvorstellung und Veranlagung entsprach. Die Entwicklung des kapitalistischen Systems hat aber heute zu Arbeitsbedingungen für die Führungskräfte in der Wirtschaft geführt, die in sehr viel geringerem Maße den Vorstellungen des unternehmerischen Menschen gerecht werden. Dazu kommt, daß mit dem fortschreitenden Prozeß der Aufspaltung von Kapital und Führung eine wesentliche Lenkungskomponente unseres Wirtschaftssystems und zugleich ein wichtiger Anreiz für unsere Führungskräfte verschwinden. Wenn wir diesen Vorgang nicht erfassen und geeignete Konsequenzen ziehen, müssen wir damit rechnen, daß die Evolutionsbefähigung unserer Wirtschaft drastisch abnimmt und die Tendenz zur Bürokratisierung und zum Großunternehmen immer stärker wird. Damit würden wir uns dem Zustand nähern, dem die Wirtschaft in den sozialistischen Ländern gerade zu entkommen trachtet!

Angesichts dieser Bewertung des Ist-Zustandes und einer voraussichtlichen Entwicklung unseres Wirtschaftssystems in der Zukunft sind wir aufgerufen, darüber nachzudenken, wohin die Reise gehen soll und wie wir den Kurs der Wirtschaft beeinflussen können. – Nachstehend stelle ich ein Konzept in der Form von Thesen und Vorschlägen vor, welches zu diskutieren mir ratsam erscheint. Es wäre zu begrüßen, wenn ein beginnender Dialog zur Meinungsbildung beitragen und den Weg für eine Richtungsbestimmung freimachen würde.

An den Anfang einer Richtungsbestimmung gehört die Untersuchung der Frage, ob heute die Gründung eines Unternehmens und eine unternehmerische Tätigkeit begabtem Nachwuchs hinreichend verlockend erscheinen. Als entscheidende negative Prämisse muß bedacht werden, daß die gesellschaftlichen und wirtschaftlichen Rahmenbedingungen jegliche Unternehmertätigkeit erheblich erschwert haben. Die staatlich begünstigte Hilfestellung für Existenzgründungen ist zwar dem Grunde nach richtig, aber keine hinreichende Kompensation für die erschwerte Laufbahn bei gleichzeitig deutlich geringeren Vorteilen und Chancen. Hier stellt sich eine an die Gesellschaft gerichtete politische Frage: Ist der gesellschaftliche Rang unternehmerischer Tätigkeit richtig eingeschätzt und kommt die politische Bewertung adäquat in den vom Staat gesetzten Rahmenbedingungen zum Ausdruck? Ich befürchte, daß die negativen Hypotheken unserer kapitalistischen Vergangenheit die unbefangene Beantwortung dieser Frage stark belasten und eine sachdienliche Politik erschweren. Diese Auffassung beruht auch auf der Überzeugung, daß allen öffentlichen Erklärungen zum Trotz Wesen und Bedeutung unternehmerischer Initiative nur unzulänglich verstanden werden. Erschwerend kommt hinzu, daß die schon weit fortgeschrittene berufliche Spezialisierung das Verständnis der Vertreter verschiedener Berufsgruppen für die Funktion anderer Tätigkeiten und ihren gesellschaftlichen Wert stark behindern. Die oft erhobene Forderung nach einem beruflichen Austausch von Beamten und Managern oder nach »mehr Unternehmer in die Politik« kennzeichnet dieses Mißverständnis. Die Spezialisierung der beruflichen Tätigkeit ist eine Prämisse des Erfolges geworden – und nur noch bei einfacheren Sachverhalten und auf einer niedrigeren Ebene der Führungshierarchie ist noch ein Austausch möglich und fruchtbar. Faktisch hat die Spezialisierung zu einer derartigen Einengung der Urteilsfähigkeit auch bei unseren Politikern geführt, daß die Einschätzung unternehmerischer Tätigkeit und ihre richtige Förderung verhindert werden. Der Vielzahl notwendiger Änderungen der Rahmenbedingungen für unternehmerische Tätigkeit steht jedenfalls bislang kein ausreichender politischer Wille zur Kursänderung gegenüber. – Mein Fazit: Der unternehmerische Nachschub wird sicherlich quantitativ und möglicherweise auch qualitativ schlechter ausfallen. Sollte das eintreten, hat unsere Gesellschaft einen sich erst langfristig abzeichnenden, kostspieligen Fehler gemacht. Es könnte sich nämlich erweisen, daß wir in dem Bemühen um mehr Menschlichkeit das für den Wohlstand und die Evolutionsbefähigung unserer Gesellschaft entscheidende Kreativpotential vernachlässigt haben.

Ein noch relativ freundliches Bild ergibt sich bei der Bewertung der Arbeitsprämissen für den Unternehmer im mittelständischen Bereich. Hier finden wir Betriebe mit langer Familientradition ebenso wie zahlreiche Neugründungen aus der Zeit nach dem letzten Krieg. In den Jahren des Wiederaufbaus mußten die meisten Unternehmen wieder von vorn beginnen. Der Markt wurde neu verteilt. Viele traditionsreiche Unternehmen waren untergegangen, und Neugründungen traten an ihren Platz. Eine unglaubliche Nachfrage in praktisch allen Bereichen vom Konsumartikel bis zum Eigenheim beflügelte die wirtschaftliche Entwicklung. Diese abnorme Situation bedeutete eine Zeit par excellence für den unternehmerischen Menschen. Der unternehmerischen Leistung und dem Erfindungsreichtum des Mittelstandes gebührt ein wesentlicher Anteil am »deutschen Wirtschaftswunder«. In dieser Zeit zählten nicht mehr Ansehen und frühere Marktposition, sondern Erfindungsgabe und Talent für das Improvisieren. Mut und Urteilsfähigkeit ersetzten Exaktheit und Systematik. In diesen Jahren hatte man wenig zu verlieren – aber man wollte überleben und auch gewinnen! Höchste Belastungen und außerordentliche Chancen hielten sich die Waage. Von diesen Impulsen hat der Mittelstand lange gezehrt. Der Aufschwung beförderte neue Talente an die Spitze und bewirkte mit ihnen neue Lösungen. Aber diese Epoche geht zu Ende!

Die zuvor beschriebenen Erschwernisse unternehmerischer Tätigkeit sind auch im Mittelstand zu einer drükkenden Last geworden. Die erforderliche Umstellung auf neue Finanzierungskonzepte beeinträchtigt die aus dem Eigentumsverständnis resultierende Identifizierung des Unternehmers mit seiner Aufgabe. Die lange gepflegte Familientradition scheitert zunehmend angesichts der heutigen Führungs- und Finanzierungsanforderungen. Der unabweisbar gewordene Zwang zur Delegation von Teilverantwortlichkeiten mindert die zentrale Rolle des Unternehmers als Initiator und Gestalter. Die steuerlichen und sozialen Belastungen lassen jeden Schritt ins Neuland zu einem hohen Risiko werden. Noch zehrt der mittelständische Unternehmer von der Substanz der Vergangenheit, von erreichten Marktpositionen und vom Kapital. Aber die Gewinnspannen werden kleiner, und viele Unternehmer glauben nicht mehr an ihre Zukunft. Zu hart wurde durch die internationale Konkurrenz der Wettbewerb, zu hoch wurden die Hürden für Innovationen. Insbesondere für ältere Unternehmer stellt sich die Frage, ob es nicht besser ist, die Selbständigkeit aufzugeben und sich an ein Großunternehmen anzulehnen. Natürlich gibt es für den Unternehmer auch die Alternative, Fremdkapital aufzunehmen. Diese Lösung entspricht aber sehr wenig dem unternehmerischen Selbstverständnis. Eine schlimme Alternative ist die Entscheidung, von der Substanz zu leben, solange es geht. Das bedeutet nämlich in den meisten Fällen, in Unbeweglichkeit auszuharren bis zum bitteren Ende. Aber wir müssen verstehen, daß gerade für den älteren Unternehmer die Kraftanstrengung einer Vorwärtsstrategie eine Überforderung darstellt.

Daß in unserer Zeit des Wandels für den Tüchtigen auch Chancen liegen, haben andererseits auch viele Unternehmer begriffen. Es ist erstaunlich und bewundernswert, mit welchen Lösungen sie auf die neuen Verhältnisse reagiert haben. So dürfen wir befriedigt feststellen, daß das unternehmerische Element nicht untergegangen ist. Aber doch müssen wir – ähnlich wie beim unternehmerischen Nachwuchs – die Frage aufwerfen, wohin die Reise geht. Ich habe Sorge, daß der heutige durch den Mittelstand präsentierte Pluralismus abgelöst werden könnte durch eine geringere Zahl größerer Unternehmenseinheiten. Es mag durchaus sein, daß solche Betriebe im Einzelfall eine höhere Produktivität erreichen. Ob aber die Gesamtheit kreativer unternehmerischer Impulse dann noch der heutigen entspricht, erscheint mir sehr fraglich. Das wäre aber dann für unsere Gesellschaft ein großer Verlust! Denn gerade von diesen Fähigkeiten wird unsere Position im internationalen Markt bestimmt.

Mein Fazit aus dieser Beurteilung der Entwicklung des Mittelstandes führt zu den nachstehenden Forderungen:

- Im Interesse unserer Gesellschaft müssen die Belastungen des Mittelstands reduziert und die Flexibilität im Arbeitsmarkt erhöht werden. Die anerkennenswerten Bemühungen zum Schutze des Menschen haben die Innovationsfähigkeit unserer Wirtschaft gefährlich beeinträchtigt. Es mag sein, daß diese Auswirkung früher nicht gesehen wurde. Sie ist aber gegeben und im wohlverstandenen Interesse unserer Gesellschaft nicht vertretbar!
- Die Möglichkeiten der Fremdfinanzierung für den Mittelstand müssen vereinfacht und verbessert werden. Dabei müssen wir darauf achten, daß die Entscheidungsfreiheit und mit ihr die Motivation des Unternehmers nicht beeinträchtigt werden.

- Der Unternehmer sollte begreifen, daß er in seinem Betrieb aus Arbeitern und Angestellten Partner werden lassen muß, wenn er genügend Kreativität und Leistungsbereitschaft und damit Erfolg in seinem Betrieb erreichen will. Dazu ist es erforderlich, daß er sein Selbstverständnis und die Ziele des Unternehmens überdenkt und seine Führungstechnik ändert. Er sollte die Mitarbeiter am Unternehmen materiell und gestalterisch beteiligen. Der Unternehmer muß begreifen, daß ein solches Vorgehen nur einen scheinbaren Verzicht darstellt. In Wirklichkeit bedeuten solche Entschlüsse eine wichtige Investition für den Erfolg und die Zukunftssicherung seines Unternehmens.

Ganz wesentlich anders präsentieren sich die Bedingungen für unternehmerische Arbeit im Großunternehmen. Hier wurde inzwischen der Unternehmer-Eigentümer durch das Management und eine Vielzahl von Aktionären abgelöst. Die in der Person des Eigentümer-Unternehmers gewährleistete Ausrichtung und Koordination aller Wirkungskomponenten des Unternehmens wurde dabei auf zwei Gruppen übertragen, die recht unterschiedliche Ziele verfolgen können. Das Management denkt sicherlich auch an Erfolg – interpretiert diesen aber häufig anders als der Aktionär. Das Kapital und insbesondere der Kleinaktionär verstehen schon längst nicht mehr die Arbeitsbedingungen ihres Unternehmens und können zu Führungsentscheidungen kaum noch etwas beitragen. Diesen Anspruch erhebt es auch gar nicht. Sein Interesse beschränkt sich auf die Dividendenzahlung, und wenn der Aktionär nicht zufrieden ist, verabschiedet er sich vom Unternehmen durch den Verkauf seiner Anteile. Größere Unterschiede zum Eigentümer-Unternehmer sind kaum denkbar!

Auch die Einstellung des Managements zur Führungsaufgabe im Großunternehmen hat sich gewandelt. Da die Vorstände und Geschäftsführer in einem großen Unternehmen nur selten an ihrer Firma beteiligt sind, ergibt sich für sie ganz automatisch ein anderer Bezug zum Kapital. Als Werkzeug wird natürlich auch in unserer Zeit noch viel Kapital benötigt. Für ein gutes Management ergeben sich dadurch aber nur geringe Abhängigkeiten, da es durchaus möglich ist, sich Finanzmittel auf dem Kapitalmarkt zu beschaffen. Den Führungseinfluß des Kapitals, sei es durch die Hauptversammlung oder den Aufsichtsrat, bewertet die Exekutive recht gering. Man legt auf eine echte Mitwirkung auch kaum Wert. Treffender wäre es zu sagen, man bemüht sich nur, mit diesem Einfluß fertig zu werden.

So ist es dahin gekommen, daß die einst überragende Führungsrolle des Kapitals zu einer Hilfsfunktion abgesunken ist. Hier hat sich eine entscheidende Wendung zum Schlechten im kapitalistischen System ergeben. Denn das sollte uns klar sein: Wenn das Kapital seine Interessen nicht mehr aktiv wahrnimmt, verlieren die Führungsentscheidungen in der Wirtschaft einen erheblichen Teil ihrer Qualität!

Auch noch andere Unterschiede im Verhalten des Managers im Vergleich zum Eigentümer-Unternehmer sind zu beachten. – Natürlich sucht auch der Manager im eigenen Interesse den Erfolg. Aber sein Zielverständnis ist stark persönlich gefärbt. Da ihn die Höhe der Dividende persönlich kaum betrifft, verfolgt er konsequent andere selbstgesetzte Ziele. Diese definieren »Erfolg« oft genug als Größe und Anerkennung anstelle einer sachgerechten Unternehmensentwicklung. Die Bemühungen amerikanischer Manager, kurzfristige Erfolge aufzuweisen, kennzeichnen dieses Verhalten. Ein Unternehmer muß strategisch denken und befähigt sein, lange Zeit auf Erfolg und Anerkennung warten zu können. Vielen Managern aber erscheint das im Rahmen ihrer Karriereplanung und angesichts ihrer Eitelkeit und Geltungssucht wenig verlokkend. – Gleichermaßen kritikwürdig ist die Neigung des Managers, den Kapitaleinfluß auf die Unternehmensführung zu minimieren und die Dividendenzahlung an das Kapital als Unkosten zu bewerten, die möglichst reduziert werden müssen. Bei einer solchen Einstellung fehlt es an Einsicht in die Funktionselemente der kapitalistischen Wirtschaftsordnung! – Die persönliche Bindungslosigkeit des karriereorientierten Managers zu seinem Unternehmen ist ein weiterer folgenschwerer Unterschied im Vergleich zum Eigentümer-Unternehmer. Die Führung eines Unternehmens braucht Kontinuität. Jeder Wechsel an der Spitze des Unternehmens kostet Zeit und Geld. Ein Unternehmer kommt sehr selten auf die Idee, sich von seiner Firma zu trennen. Eher strebt er nach kontinuierlichem Erfolg bis hin zur Bewahrung der Familientradition. Für den Unternehmer bedeutet das Ausscheiden aus seinem Betrieb zugleich meistens das Ende seiner Laufbahn. Erfolgsbewußte Manager aber suchen oft genug ihr Glück auch anderswo und haben nicht selten damit sogar recht!

Diese unterschiedlichen Verhaltensweisen zwischen dem Unternehmer-Eigentümer und dem Manager haben erheblichen Einfluß auf das Schicksal eines Unternehmens. Mir scheint deshalb, daß es lohnt, den Versuch zu machen, an der Spitze unserer Unternehmen wieder unternehmerisches Verhalten anzustreben, und zwar in erster Linie durch Einführung unternehmerischer Arbeitsbedingungen!

An dieser Stelle bietet es sich an, darüber nachzudenken, ob die Tendenz zum Großunternehmen unausweichlich und richtig ist. Das wechselvolle Schicksal großer Konzerne legt zumindest die Vermutung nahe, daß sich Größe und Leistungsfähigkeit nicht in allen Fällen entsprechen. – Die optimale Unternehmensgröße richtet sich auf der einen Seite nach sachlichen und auf der anderen Seite nach persönlichen Gegebenheiten. Die Stärke des mittelständischen Betriebes zum Beispiel liegt in der Funktionstüchtigkeit des Unternehmers. Dieser personenbezogene Vorteil kann aber auf den heutigen Großbetrieb nicht mehr übertragen werden. Und umgekehrt kann im sachlichen Bereich nur ein Konzern mit seinen großen Ressourcen bestimmte Aufgabenstellungen bewältigen. Wir müssen daraus folgern, daß für eine jegliche Aufgabenstellung die optimale Unternehmensgröße in Abhängigkeit von ihren Bedingungen zu definieren ist. Während die sachlichen Prämissen eines solchen Optimums relativ einfach zu bestimmen sind, trifft das für die personellen Gegebenheiten nicht zu. Nachstehend möchte ich die führungstechnischen Erfordernisse in Abhängigkeit von den Anforderungen des Großunternehmens beschreiben.

Viele Aufgabenstellungen können heute überhaupt nur noch von Großunternehmen gelöst werden. Man denke zum Beispiel an den Bedarf an Führungskompetenz, Fachwissen und Kapital, um ein international tätiges Unternehmen erfolgreich operieren zu lassen. Angesichts dieser Gegebenheiten ist die Frage zu stellen, ob sich durch die Größe der Betriebe die unternehmerische Aufgabenstellung verändert hat. Auf die eingetretene Trennung von Kapital und Führung wurde schon zuvor hingewiesen. Ebenso wichtig ist es aber, zu erkennen, daß die Führungsaufgabe in der Konzernspitze nur noch entfernt mit der ursprünglichen unternehmerischen Tätigkeit zu tun hat. Eine Konzernleitung muß Grundsätze definieren, planen, kontrollieren und koordinieren. Im strategischen Bereich hat sie auch unternehmerische Entscheidungen zu fällen. Für eine solche Aufgabenstellung wird eine Konzernspitze, die in ihrem Vorstand neben Funktionsvertretern auch Leiter größerer Unternehmensbereiche aufweist, am besten qualifiziert sein. Bezüglich der unternehmerischen Funktion aber sollten wir zur Kenntnis nehmen, daß diese Aufgabenstellung zunehmend auf die Geschäftsführer und Abteilungsleiter übergegangen ist. Diese Führungskräfte sind nämlich noch in der Lage, den Markt und die Produktionsmöglichkeiten zu beurteilen. Ihre Kreativität und Urteilsfähigkeit sind am ehesten geeignet, die Evolution zu befördern und die Wettbewerbsfähigkeit des Unternehmens zu sichern. Je mehr ihr Freiheitsraum eingeengt wird durch eine zu weitgehende funktionale Spartenkompetenz oder eine zu gering bemessene Zuständigkeit, um so schwächer wird ihr unternehmerischer Wirkungsgrad. Auch hochqualifizierte Spezialisten in zentralen Stäben und eine perfekte Matrix-Organisation können die unternehmerische Gestaltung und Koordination der entscheidenden Wirkungskomponenten nicht ersetzen. Ebenso können vertikale Hierarchien nicht die Vielzahl und Kompliziertheit der Entscheidungsprozesse bewältigen, die angesichts der heutigen Entwicklungsgeschwindigkeit in der Wirtschaft verlangt werden. Alle diesbezüglichen Versuche sind bisher ohne überzeugenden Erfolg geblieben. Die Ineffizienz der Großorganisation beruht letzten Endes auf dem Irrtum, die unternehmerische Funktion durch eine Perfektion der Vorschriften ersetzen zu können. Hierzu ist anzumerken, daß selbst die sorgfältigsten Organisationshandbücher und Vorschriftensammlungen niemals dem heutigen raschen Evolutionsprozeß gerecht werden können. Das Versagen einst führender Großunternehmen unterstreicht diese Aussage ebenso wie die Ineffizienz unserer staatlichen Verwaltungen. Auch das Scheitern der Planwirtschaft in den sozialistischen Staaten hat letztlich eine ähnliche Begründung.

Wer diese Zusammenhänge von Größe und unternehmerischer Funktion erfaßt hat, muß darum bemüht sein, die Organisation und Führungstechnik eines Betriebes so zu gestalten, daß auf allen Ebenen und in allen Tätigkeitsbereichen genügend unternehmerische Kreativität zur Entfaltung kommen kann. Wir haben in unserer Zeit darüber nachzudenken, ob es möglich ist, in unseren Großunternehmen wieder Bedingungen zu schaffen, welche das Heranwachsen und Wirken unternehmerischer Menschen gestatten. – Die in der modernen Führungstechnik propagierte Delegation der Verantwortung beinhaltet dafür bereits einen wichtigen Schritt in die richtige Richtung. Der Freiraum eines Geschäftsführers ist eine unabdingbare Prämisse für sein Heranwachsen zum Unternehmer – und zugleich eine Forderung, die eigenständige Menschen als wesentlichen Teil ihrer Selbstverwirklichung erheben. Natürlich muß die Führungstechnik bestrebt sein, vermeidbare Fehler zu verhindern. Aber die weitere Perfektion der Schadensverhütung ist für das Großunternehmen bei weitem nicht so wichtig wie die Heranbildung eines unternehmerischen Nachwuchses. Sicher werden moderne Instrumente der Planung und Kontrolle eine Prämisse für die Gewährung des Freiraums im Rahmen eines Profitcenters sein. Aber diese Instrumente dürfen nicht so gehandhabt werden, daß sie den unternehmerischen Lernprozeß verhindern!

Neben dem gestalterischen Freiraum bedarf die unternehmerische Führungskraft auch adäquater menschlicher und materieller Arbeitsvoraussetzungen. Ein Unternehmer sucht das Erfolgserlebnis – und er verdient dann auch den Beifall dafür. Ein Unternehmer sollte für seinen Einsatz und seine Kreativität gewinnorientiert bezahlt und nach Möglichkeit auch am Kapital seines Unternehmens beteiligt werden. Gerade der persönliche Bezug zum Kapital ist in unserer Zeit eine wichtige Bedingung für die Sicherung einer unternehmerischen Führung und damit für die Bewahrung der Leistungsfähigkeit des Kapitalismus und der Marktwirtschaft. Da bei den heutigen riesigen Kapitalausstattungen der großen Firmen eine wirkungsvolle Kapitalbeteiligung schwierig geworden ist, empfehle ich außer einer Beteiligung noch eine fallweise Honorierung außergewöhnlicher unternehmerischer Leistungen in Form von »Unternehmer-Prämien«.

Es versteht sich, daß unternehmerische Arbeitsbedingungen allein noch keine Unternehmer heranwachsen lassen. Eine sorgfältige und ständige Führungsnachwuchsarbeit muß den Nachschub für die Unternehmerlaufbahn gewährleisten. Das Lernen und das Sichbewähren in der Praxis werden dann genau wie bei dem früheren selbständigen Unternehmer zum Aufstieg des Tüchtigen und dem Ausscheiden des weniger Qualifizierten führen. Nach unserem heutigen Empfinden sind solche Konsequenzen und Sanktionen sehr hart – aber systemgerecht und unerläßlich! Auf der Befähigung der Führung und auf dem in der Marktwirtschaft laufend stattfindenden Ausleseprozeß beruht eine der Stärken des kapitalistischen Systems. Für ein Großunternehmen sind solche Personalinvestitionen die wichtigsten im Hinblick auf Erfolg und Kontinuitätssicherung. Das Großunternehmen ist auch gut beraten, wenn es anstrebt, die Besetzung des Vorstands aus seinem eigenen unternehmerischen Nachwuchs zu bestreiten. Unternehmerisch geschulte Führungskräfte mit einer langjährigen Unternehmenskenntnis werden im Regelfall Quereinsteigern in der Unternehmensspitze überlegen sein.

Wir wollen uns daran erinnern: Der Unternehmer war früher besonders erfolgreich, weil die Aufgabenstellung seiner Begabung und Zielsetzung entsprach. Heute ist es uns aufgegeben, dafür zu sorgen, daß auch in unseren Großunternehmen wieder unternehmerische Arbeitsbedingungen für unsere Führungskräfte hergestellt werden. Zwar verlangt der gesellschaftliche Entwicklungsprozeß ein Umdenken in vieler Hinsicht und auch das Setzen neuer Ziele. Es geht aber nicht darum, das kapitalistische System und die Marktwirtschaft abzuschaffen. Vielmehr geht es darum, diese Systeme den heutigen Gegebenheiten anzupassen. Das Streben des Unternehmers nach Freiheitsraum muß nicht berechtigten Forderungen unserer

Gesellschaft widersprechen. Unsere Politiker sollten dazu in Wahrnehmung ihres Mandats begreifen, daß heute Menschlichkeit und Effizienz der Wirtschaft zueinander in Abhängigkeit stehen. In unserer Zeit geht es nicht mehr um den Ausbau des sozialen Netzes. Heute geht es darum, den Freiraum und die Verantwortlichkeit des einzelnen zu vergrößern. Diese Zielsetzung muß auch auf bessere Arbeitsbedingungen für den unternehmerischen Menschen ausgerichtet sein. Es ist mir deutlich, daß es in einer Demokratie nicht einfach ist, relevante Erkenntnisse zu vermitteln und in Politik umzusetzen. Aber zum Trost: Ohnehin stehen die Vertreter unseres Staates jetzt in vielen Bereichen vor der Notwendigkeit, harte Entscheidungen zu treffen. Die Gewährleistung von Arbeitsbedingungen für unternehmerisches Handeln sollte in diesem Sinne Priorität haben.

So wie unsere Gesellschaft lernen muß, die unternehmerische Funktion richtig zu bewerten, so müssen wir auch in der Wirtschaft entsprechende Konsequenzen ziehen. Gerade in unserer Zeit brauchen wir wieder den Unternehmer, und wir sollten bemüht sein, Bedingungen zu schaffen, die seinen Vorstellungen von Selbstverwirklichung entsprechen. Allerdings muß dann auch die heutige Führungskraft begreifen, daß sich die Zielsetzung eines Unternehmens nicht mehr allein mit dem Begriff der Gewinnmaximierung darstellen läßt. Die demokratische Verfassung unserer Gesellschaft hat in den Menschen ein anderes Selbstverständnis heranwachsen lassen. Man folgt nicht mehr überlieferten Strukturen, und man ist auch nicht mehr bereit, den eigenen Lebensanspruch zugunsten der Gemeinschaft zurückzustellen.

Während früher in der Welt der Arbeit der Unternehmer mehr oder weniger allein Selbstverwirklichung erfahren konnte, erwarten und verlangen dieses heute auch seine Führungskräfte und Mitarbeiter. Die Ansprüche an das Unternehmen und seine Zielsetzung gehen in unserer Zeit über die materiellen Forderungen hinaus. Das Erleben der Selbstverwirklichung in der Welt der Arbeit auf der Basis von Gerechtigkeit, Menschlichkeit und gestalterischem Freiraum gewinnt eine immer größere Bedeutung. Dabei ist es bemerkenswert und zugleich ein großer Glücksfall, daß die neuen Bedingungen des Wirtschaftsprozesses weitgehend im Einklang stehen mit den von einem neuen Selbstverständnis geprägten Bestrebungen der im Unternehmen Tätigen. Der Größe und Komplexität der in unserer Zeit gestellten Aufgaben werden wir nur mit engagierten und kreativen Mitarbeitern gewachsen sein. Diese Wandlungen muß der Unternehmer begreifen. Für ihn müssen »Unternehmenskultur« und »Unternehmensverfassung« lebendige und praktikable Begriffe sein. Nur ein der Gesellschaft zugewandter und in diesem Sinne politisch engagierter Unternehmer wird die Aufgaben der Zukunft lösen können. Ein Unternehmensleiter ohne einen schlüssigen und ehrlichen Bezug zum Mitmenschen und zur Gesellschaft wird es in Zukunft schwer haben. Er verfolgt falsche Ziele! – So meine ich, daß jeder Unternehmer heute gut daran täte, seine eigene Lebensphilosophie zu überprüfen und seine Arbeit in einen positiven Bezug zur Gesellschaft zu stellen.

Diese Forderung beinhaltet eine ganz wesentliche Veränderung der Motivationsbedingungen des ursprünglichen kapitalistischen Systems, und es muß deutlich darauf hingewiesen werden, daß die Änderungen sehr viel höhere menschliche Anforderungen stellen. Statt wie früher dem natürlichen Egoismus zu folgen, muß der Unternehmer in der Zukunft auch an seine Mitmenschen denken. Er sollte seine Führungsaufgabe deshalb eher als ein ihm von der Gesellschaft übertragenes Mandat empfinden. Führung heißt in unserer Zeit zugleich auch dienen! – Wir wollen hoffen, daß wir den kreativen Menschen mit dieser neuen Zielsetzung nicht überfordern. Aber die Einsicht, daß Menschlichkeit und Effizienz sich nicht zu widersprechen brauchen, sondern sich in unserer Zeit geradezu bedingen, mag hier zur Lösung der Problematik führen. Der unternehmerische Mensch sucht den Erfolg. Wenn dieser Menschlichkeit voraussetzt, sehe ich begründete Hoffnung, daß die geforderte Reform des Kapitalismus gelingt.

Ich möchte aber nicht nur die Erschwernisse des Wandels anführen. Wenn Erfolg Befriedigung gewährt, so wird es in Zukunft auch das Bewußtsein tun, in menschlicher Hinsicht erfolgreich gewesen zu sein. Diese neue Seite der Erfolgsbilanz wiegt schon in unserer Zeit schwer. Sie wird zunehmend an Bedeutung gewinnen und gewürdigt werden! – Wäre der Mensch nur durch materiellen Erfolg zu motivieren, wie könnte man dann den selbstlosen Einsatz so vieler Menschen im Verlauf der Geschichte und auch in unserer Zeit erklären? So hoffe ich, daß auch der Unternehmer in Zukunft seine Arbeit danach ausrichtet, wie sie von der Gesellschaft bewertet wird.

Wenn wir nun das Fazit aus den vorstehenden Überlegungen ziehen, so sollten wir besser nicht fordern, die Unternehmerfunktion im überlieferten Sinne zu erhalten. Richtiger erscheint mir das Bestreben, gewisse Eigenschaften des unternehmerischen Menschen zu bewahren und sie mit neuen Zielsetzungen zu verbinden. Heute und auch in der Zukunft wird die Evolution von unternehmerischer Kreativität und Gestaltungskraft bestimmt. Und das sollten wir deutlich erfassen: Die Entwicklungsgeschwindigkeit in allen unseren Lebensbereichen wird noch zunehmen. Ohne Bereitschaft zur Flexibilität und ohne schöpferische Gestaltungskraft werden wir uns in dem weltweiten Wettbewerb der Leistungen und Systeme nicht behaupten können. Diese Entwicklung ist vorgegeben – ein Versuch, ihr zu entrinnen, könnte weder erfolgreich sein, noch würde er unserer eigenen Wesensart entsprechen. Unsere Alternative muß heißen, sich der Herausforderung zu stellen und sie schöpferisch und zugleich menschlich zu bewältigen.

Eine entscheidende Verantwortung in diesem Prozeß obliegt unseren Politikern. Sie müssen die Rahmendaten und Strukturen vorgeben, innerhalb derer sich unsere Wirtschaft und Gesellschaft entwickeln können. Dazu sei an dieser Stelle angemerkt, daß es mit der einfältigen Empfehlung, »mehr Demokratie zu wagen«, nicht getan ist. Hilfreicher wäre es, unsere Politiker würden beginnen, ihre eigene demokratische Führungstechnik weiterzuentwickeln. Mir scheint nämlich, daß unsere Demokratie nicht in erster Linie von rechten oder linken Extremisten bedroht ist, sondern durch die Unfähigkeit unserer Parteien und unseres Staates, ihren Auftrag zu erfüllen. In bezug auf die Wirtschaft bedeutet dieses, daß eine noch so menschlich gemeinte Politik ihr Ziel verfehlen muß, wenn dabei die Gesetzmäßigkeiten erfolgreicher Arbeit verletzt werden. Unsere Politiker müssen begreifen, daß gerade die Zielsetzung der Menschlichkeit heute mehr Freiheit und Verantwortung des einzelnen beinhaltet. So richtig der Aufbau des sozialen Netzes in den vergangenen anderthalb Jahrhunderten war, heute heißt das wichtigste Ziel »Menschlichkeit« – und zwar in sehr unterschiedlichen Formen der Ausprägung.

Gleichzeitig müssen unsere Politiker erfassen, daß Ruhe und Ordnung in einer Zeit schnellen Wandels keine weiterführenden Elemente sind. Die erfolgreiche Bewältigung der Zukunft beruht auf der Befähigung unseres Volkes, mit der Entwicklung nicht nur Schritt zu halten, sondern diese kreativ mitzugestalten. Diese Prämisse kann unter bestimmten ordnungspolitischen Strukturen als gegeben betrachtet werden. Sehr verkürzt heißt die notwendige Formel: »Mehr Freiheit für mehr Menschen!« Und dieses gesellschaftspolitische Ziel gilt nicht nur im Bereich der Wirtschaft, sondern noch mehr in den Tätigkeitsbereichen unseres Staates. Der Staat hinkt mit seiner Organisation, seiner Führungstechnik und seiner Zieldefinition mindestens ein halbes Jahrhundert hinter der Zeitentwicklung her. Ein Blick über die Grenzen zeigt, daß dieses Übel viele Völker betroffen hat. Die Diagnose der Fehlentwicklung ist gar nicht so schwer: Die überkommenen staatlichen Führungssysteme genügten menschlichen und sozialen Anforderungen in einer Zeit eher statischer Verhältnisse. Heute sind diese Prämissen nicht mehr gegeben. Aber trotzdem finden wir nicht den Weg zu einer sachgerechten Neuordnung unserer Gemeinschaft. Ein Blick auf die Wirtschaftserfolge der Gründerzeit könnte uns der anstehenden Lösung näherbringen: Wir müssen mit ordnungspolitischen Maßnahmen wieder Freiraum für den unternehmerischen und kreativen Menschen schaffen! Gelingt uns das nicht in absehbarer Zeit, wird die Bürde unseres Staates zu einer im internationalen Wettbewerb nicht mehr tragbaren Last.

Doch nun wieder zur Arbeitsweise und Verfassung unserer Wirtschaft. Dort sehen die Verhältnisse aufgrund des permanenten Wettbewerbsdruckes und Evolutionszwanges nicht ganz so betrüblich aus. Aber auch hier gibt es guten Grund, darüber nachzudenken, ob die derzeitigen Strukturen und Führungstechniken den Aufgabenstellungen der Zukunft gerecht werden können. Die entscheidende Wende im Denken muß aus der Erkenntnis kommen, daß nicht mehr Kapital und Markt den Erfolg bewirken werden, sondern in erster Linie der kreative und gestalterisch begabte Mensch. Und von diesen haben wir in Wirklichkeit in unseren Unternehmen mehr, als uns derzeit bewußt ist. Es ist eine dringliche Aufgabe unserer Wirtschaft, erstens die Bedeutung des kreativen Menschen für den Erfolg wieder zu entdecken und zweitens ihm adäquate Arbeitsmöglichkeiten einzuräumen.

Vorstehend habe ich dargelegt, daß in unserer Zeit aus gesellschaftlichen Gründen neue Bedingungen für den unternehmerischen Menschen geschaffen werden müssen. Daß dieses möglich ist, gilt längst als bewiesen. Wir müssen nur den sich abspielenden Prozeß begreifen und rechtzeitig die Weichen stellen. Unsere Reaktionen in dieser Richtung unterliegen in zeitlicher Hinsicht Zwängen. Der Wettlauf politischer und wirtschaftlicher Systeme fordert uns zum Handeln auf. Wenn wir genügend Leistungsbereitschaft und Kreativität aufbringen wollen, müssen wir jetzt dafür sorgen, daß in unseren Unternehmen mehr Menschen ihre Selbstverwirklichung finden können. Diese Forderung stellt die Basis für eine echte Identifikation mit der beruflichen Aufgabe und für eine auf Motivation beruhende Einsatzbereitschaft dar. Es ist mir deutlich, daß eine solche Zielsetzung sehr hohe Forderungen beinhaltet und nicht alle unsere Mitarbeiter in gleichem Maße betrifft. Trotzdem gilt: Je mehr Identifikation mit der Aufgabe, um so höher die Leistungsfähigkeit des Unternehmens. – Mir scheint, daß das in unserer Zeit sich durchsetzende Modell des partnerschaftlichen Unternehmens hier einen Hinweis auf den einzuschlagenden Weg geben kann.

Für richtige und falsche Entwicklungen gibt es in unserer Zeit in Ost und West viele Beispiele. Ich möchte hoffen, wir lernen aus ihnen rechtzeitig – und damit meine ich unsere Unternehmer und Politiker gleichermaßen. Der Weg zum Ziel ist schwierig und zeitaufwendig. Aber ich glaube, er ist der einzig erfolgversprechende. Und wenn wir ihn beschreiten, winkt uns als Lohn nicht nur die Sicherung des Status quo. Ich bin überzeugt, daß die Aktivierung des unter unseren Beschäftigten bestehenden Kreativpotentials für unsere Betriebe die Erschließung einer wesentlichen Kraftquelle bedeuten wird. – So lautet die Antwort auf die von mir gestellte Frage, ob der Unternehmer noch gebraucht wird, deutlich: »Ja!« Wir brauchen sogar den unternehmerisch handelnden Menschen in unserer Zeit mehr denn je. Der Unternehmer der Zukunft wird andere Zielsetzungen haben und sich anders verhalten müssen. Aber der ursprüngliche und dominierende Impuls des sich Bewährenwollens und des Gestaltenwollens wird bestehenbleiben und weiterhin Erfolge bewirken. Ich hoffe, daß unsere Gesellschaft noch rechtzeitig erkennt, welchen Rang sie dem unternehmerischen Menschen in ihrem eigenen Interesse einräumen muß!

# Kann das Kapital noch führen?[1]

Bei der Untersuchung dieser Thematik sollten wir uns deutlich machen, daß das Verständnis des Begriffs »Kapital« im Verlauf der letzten eineinhalb Jahrhunderte wiederholt Wandlungen erfahren hat. Die in unserer Zeit geläufige Formel von den in der Wirtschaft maßgebenden Wirkungskomponenten »Kapital und Arbeit« scheint mir das am besten deutlich zu machen. In dieser Definition wird nämlich unterstellt, daß der Kapitalbesitz maßgebenden Einfluß auf die Gestaltung der Unternehmenspolitik hat. Sicher kann nicht in Abrede gestellt werden, daß das Eigentum in unserem Wirtschaftssystem heute ebenso wie in der Vergangenheit einen wichtigen Steuerungseinfluß ausgeübt hat. Allerdings sei in Frage gestellt, ob der heutige

1 Herausgegeben von der Bertelsmann Stiftung, 1988.

Kapitaleinfluß tatsächlich noch die dominierende Komponente bei der Bestimmung der Unternehmenspolitik ist.

Mir scheint vielmehr, daß dieses zu keiner Zeit der Fall gewesen ist. Bei dem ursprünglichen Eigentümer-Unternehmer war das Kapital sicherlich nur ein Wirkungsfaktor unter vielen. Und in unserer Zeit ist darauf hinzuweisen, daß die in den meisten Fällen gar nicht mehr am Kapital beteiligten Führungskräfte in bezug auf den Unternehmenserfolg eine viel wichtigere Rolle spielen als die Eigentümer des Kapitals. Selbst deren verbrieftes Recht, die Unternehmensführung zu bestimmen, ändert an dieser Relation kaum etwas, es sei denn in Ausnahmefällen.

Mir scheint, daß es lohnend ist, daß wir uns die ursprüngliche Bedeutung des Kapitals für den Unternehmer deutlich machen. Dabei müssen wir versuchen, die Motivationslage und Zielsetzung der Menschen nachzuvollziehen, die zu einem späteren Zeitpunkt den Namen »Unternehmer« bekamen. – Im 19. Jahrhundert ergaben sich gravierende Veränderungen der Prämissen wirtschaftlicher Tätigkeit. Die rasche Entwicklung der Technik schuf neue Möglichkeiten zu einer preiswerten Massenproduktion. Der Abbau der Handelsschranken und die Verbesserung der Transportverhältnisse ließen große, bis dahin unbekannte Märkte entstehen. In dieser Zeit war es ein bestimmter Menschentyp, der die wirtschaftlichen Möglichkeiten der Veränderungen erkannte und die Kraft hatte, gestalterische Konsequenzen zu ziehen. Die persönliche Zielsetzung dieses unternehmerischen Menschen drückte sich vornehmlich aus in dem Willen zum Gestalten und Bewähren. Als Belohnung erhoffte der Unternehmer das Erfolgserlebnis, Reichtum und Ansehen.

Ursprünglich unterschied der Unternehmer nicht zwischen den heute üblichen Eigenschaften des Kapitals, wie zum Beispiel privat genutztem Reichtum und geschäftlich notwendigen Finanzmitteln. Erst die schnell wachsenden Unternehmen mit ihrem riesigen Kapitalbedarf vermittelten das Bewußtsein, daß privater Reichtum keineswegs identisch ist mit einer ausreichenden Verfügbarkeit betrieblich benötigter Mittel.

Es ist leicht verständlich, daß die Öffentlichkeit den sichtbaren Reichtum als die entscheidende Wirkungskomponente der unternehmerischen Funktion verstand. Zu dieser Auffassung trug sicherlich auch die an das Eigentum gekoppelte Führungsberechtigung bei. Eine solche Definition darf von uns aber nicht unkritisch übernommen werden. Wir müssen erkennen, daß der Kapitalbesitz weder früher für den Eigentümer-Unternehmer noch heute in unseren großen Kapitalgesellschaften die entscheidende Erfolgskomponente war. Immer ist zwar Kapital ein unentbehrliches Werkzeug der Unternehmensführung gewesen, und in Einzelfällen mag auch die Verfügbarkeit von Kapital entscheidend für die Realisierung wirtschaftlicher Möglichkeiten gewesen sein. Ich denke hier zum Beispiel an den kapitalintensiven Ausbau des Eisenbahnnetzes im 19. Jahrhundert. In einem solchen Fall hat sicher die Menge des benötigten Kapitals eine größere Bedeutung gehabt als die kreative unternehmerische Leistung. Im Regelfall und auf Dauer stehen aber in einem Wirtschaftsunternehmen andere Wirkungsfaktoren im Vordergrund. In früheren Zeiten – ebenso wie heute – entschied nämlich in erster Linie die Befähigung der Führung über den Erfolg des Unternehmens. Bei dieser Aussage bitte ich den Begriff »Führung« sowohl als personelle Komponente als auch als Systematik zu verstehen. Zugleich sei zu dieser Unterscheidung angemerkt, daß im Durchschnitt die Befähigung der personellen Führungskomponente deutlich wichtiger ist als die Führungstechnik.

Führung muß gerade auch in unserer Zeit als unternehmerisch kreative Aufgabe verstanden werden. Die richtige Beurteilung, Gestaltung und Kombination aller im Unternehmen maßgebenden Wirkungsfaktoren war die entscheidende Leistung des Unternehmers. Sie muß es auch heute noch bleiben, selbst wenn andere Aufgabenstellungen – wie Organisation, Planung und Leistungsoptimierung – zunehmende Bedeutung erlangen. – So fasse ich diese Betrachtung zusammen in der These, daß das Kapital als unternehmerisches Handwerkszeug immer von großer Bedeutung war, aber keineswegs als das charakterisierende und erfolgsbestimmende Element unternehmerischer Führung begriffen werden darf. Die Formel von den in der Wirtschaft maßgebenden Faktoren »Kapital und Arbeit« ist deshalb stets ebenso falsch wie irreführend gewesen.

Seit dem Entstehen und der Blütezeit des liberalen Kapitalismus im 19. Jahrhundert haben sich die Voraussetzungen für die Tätigkeit unserer Wirtschaft erheblich verändert. Die gesellschaftliche Unverträglichkeit des kapitalistischen Systems führte zugleich mit der Demokratisierung unserer Gesellschaft zum Entstehen gewerkschaftlicher Gegenmacht. In gleicher Richtung wirkten weitgehende Schutzmaßnahmen des Gesetzgebers. Dieses politisch gewollte Sicherungssystem und das Bemühen um mehr materielle Gerechtigkeit führten über Tarifverträge und Gesetze zu einer deutlichen Einschränkung der Kapitalbildungsmöglichkeit des Unternehmers. Zugleich reduzierte der stärker werdende internationale Wettbewerb die Gewinnspannen und vermehrte den Schwierigkeitsgrad der Unternehmensführung. Insgesamt ergab sich durch diese Entwicklungen eine deutliche Einschränkung der Handlungsfreiheit des Unternehmers. Auch seine gesellschaftliche Bewertung änderte sich und beruhte schließlich weniger auf der Einschätzung unternehmerischer Leistung als auf der Verurteilung einer sichtbaren materiellen Bevorzugung. Daß diese Entwicklungen zu einer Demotivierung der Unternehmer führten und am Ende manch einem das Verhältnis von Einsatz und Erfolgsmöglichkeit nicht mehr verlockend erscheint, darf nicht verwundern. Im übrigen ist in unserer Gesellschaft ja auch die Frage noch nicht beantwortet, ob in der Zukunft der Unternehmer noch gebraucht wird oder durch welche Menschen und Systeme seine Funktion zu ersetzen wäre.

Diese Fragestellung gewinnt in einem Augenblick an Bedeutung, da unsere heutige Wirtschaftsordnung, die soziale Marktwirtschaft, offensichtlich nicht in der Lage ist, die uns alle berührenden Probleme – wie die Überwindung von Stagnation und Arbeitslosigkeit – zu bewältigen. Im traditionellen Denkschema meint man gelegentlich, die Verantwortung für diese Mißstände den Unternehmern anlasten zu können. Dabei erfaßt man nicht, daß unsere Gesellschaft selbst Entscheidendes dazu beigetragen hat, die unternehmerische Funktion außer Kraft zu setzen. Erstaunlich ist in diesem Zusammenhang auch die

Vermutung, daß man durch einen erhöhten, beispielsweise vom Staat bewirkten Kapitaleinsatz die Probleme beheben könnte. All diese Überlegungen zeigen nur, daß man weder den Unternehmer als Motor des kapitalistischen Wirtschaftssystems noch die Funktion des Kapitals verstanden hat.

So wie gesellschaftliche Zwänge die Wirkungsweise des Unternehmers verändert haben, hat die Weiterentwicklung des Wirtschaftsprozesses die Rolle des Kapitals gewandelt. Zwar bewirkt das Kapital mit seinem Verlangen nach hoher Verzinsung noch immer einen gesamtwirtschaftlich wertvollen Steuerungsprozeß, aber die Einwirkung des Kapitals wird dabei mehr und mehr durch einen Negativ-Impuls als durch einen konstruktiven Führungsbeitrag bewirkt. Das Kapital verteidigt nicht mehr seine Interessen. Es flüchtet unverzüglich aus gefährdeten oder weniger erfolgversprechenden Engagements. Mit Hilfe der in unserer Zeit recht wirkungsvoll funktionierenden Börse wird eine beachtliche Fungibilität des Kapitals ermöglicht und damit zugleich auch seine Umschichtung in wichtigere oder zukunftsträchtigere Anlagen. Diese Steuerungsfunktion des Kapitals scheint mir heute sogar deutlich besser zu funktionieren als jemals in der Vergangenheit.

Mehr oder weniger verlorengegangen ist aber der sachgerechte Einfluß des Kapitals im Rahmen der Unternehmensführung. Optimal wurde diese Funktion zuletzt vom Eigentümer-Unternehmer wahrgenommen. Er konnte seine Besitz- und Gewinninteressen in einem kreativen Gestaltungsvorgang sachgerecht mit den anderen Erfolgsfaktoren der Unternehmensführung kombinieren. Es lag in seinem eigenen Interesse, die finanziellen Anforderungen seines Unternehmens richtig abzustimmen, zum Beispiel mit seinen privaten Lebensansprüchen. Er konnte frühzeitig reagieren auf Fehlentwicklungen und ein finanzielles Risiko berücksichtigen. Divergierende Interessen bei Führungsentscheidungen wurden in seiner Person, durch seine Interessenlage und seine Führungsbefähigung koordiniert und entschieden.

Von dieser ursprünglichen und optimalen Art, Führungserfordernisse und Kapitalinteresse zu berücksichtigen, haben wir uns im Verlauf der Zeit immer weiter entfernt. Die heutigen Organe der Unternehmensführung und der Kapitalvertretung handeln nicht mehr annähernd so sachgerecht im Unternehmensinteresse, wie dies der Eigentümer-Unternehmer getan hat. So muß die Frage gestellt werden, ob wir etwa auf dem Weg sind, den wünschenswerten Führungseinfluß des Kapitals zu vernachlässigen oder zu vergessen. Es sollte uns dabei aber klar sein, daß im Falle einer solchen Entwicklung eine entscheidende Erfolgskomponente des kapitalistischen Wirtschaftssystems verlorengehen würde. – Ich kann aus historischen Gründen wohl die Schelte des Kapitalisten begreifen. Was aber soll aus unserem kapitalistischen Wirtschaftssystem werden, wenn das Kapital seine Fähigkeit verliert, den ihm zugeordneten Führungseinfluß wahrzunehmen? Mir scheint, wir müssen diese Problematik erfassen, bevor gravierende Mängel in der Führung unserer Unternehmen uns darauf aufmerksam machen, daß die aktive und sachgerechte Durchsetzung der Eigentümer-Interessen eine unverzichtbare Erfolgskomponente unserer Wirtschaftsordnung darstellt.

Diese Aussagen möchte ich verdeutlichen anhand der heutigen Wahrnehmung der Eigentümer-Interessen in unseren unterschiedlichen Unternehmensformen. – Noch immer relativ günstig sind die Einwirkungen des Kapitaleinflusses im Kleinbetrieb und im mittelständischen Unternehmen. Hier ist die ursprüngliche Wirkungsweise des Unternehmers – und damit ein funktionsgerechter Einsatz des Kapitals – erhalten geblieben. Allerdings müssen wir zur Kenntnis nehmen, daß diese Situation nicht als stabil angesehen werden darf. Gesellschaftlich begründete Zielsetzungen, wie mehr Solidarität und materielle Gerechtigkeit sowie die Kostenexplosion im Bereich der öffentlichen Hand, haben zu einer solchen Steuerlast geführt, daß für den Eigentümer-Unternehmer eine ausreichende Kapitalbildungsmöglichkeit nicht mehr gegeben ist. Und »ausreichend« bedeutet in diesem Zusammenhang nicht nur die Gewährleistung der Liquidität, sondern vor allem auch die Befähigung eines Unternehmens, Fehler und Verluste zu ertragen. Denn das sei hier noch einmal betont: Ohne die Bereitschaft zum Risiko gibt es in der Wirtschaft weder Erfolg noch Fortschritt. Wenn jetzt in unserem Lande als Konsequenz anderer gesellschaftlicher Zielsetzungen die Eigenkapitalquote auf durchschnittlich 19 Prozent der Bilanzsumme gesunken ist, dann deutet dieser Tatbestand nicht auf einen gesellschaftlichen Fortschritt, sondern vielmehr auf eine Gefährdung der Leistungsfähigkeit unserer Wirtschaft hin.

Im Erbfall wirkt die Besteuerung in gleicher Richtung: Die Familie des Verstorbenen kann in vielen Fällen die Unternehmensfinanzierung nicht mehr bestreiten. Die übliche Lösung des Problems besteht dann entweder in der

Aufnahme neuer Gesellschafter oder aber in der Kreditfinanzierung mit entsprechender Reduzierung der Eigenkapitalquote. Beide Alternativen haben die gleichen negativen Konsequenzen für das Leistungspotential einer Firma. Neue Gesellschafter bedeuten zumeist eine Verkomplizierung der Unternehmensführung und eine Betonung des Sicherheitsdenkens. Die Kreditfinanzierung wirkt durch die Reduzierung der Eigenkapitalquote in gleicher Richtung.

In diesem Zusammenhang sollten wir auch nicht übersehen, daß sich die Motivationslage des Unternehmers deutlich verschlechtert, wenn er mehr oder weniger für fremdes Kapital arbeitet und dessen Eigentümer ihm dann auch noch seine Führungsentscheidungen erschweren. Diese Einwirkungen müssen bei der angestrebten gesellschaftlichen Zielsetzung einer breiten Vermögensstreuung und einer Beteiligung der Mitarbeiter am Kapital ihrer Unternehmen bedacht werden. Sachgerechte Lösungsmodelle für diese Problematik sind aber bereits bekannt, erprobt und nachweislich geeignet, den Unternehmer in seiner Arbeit wirksam zu unterstützen.

Wenn wir die hohe Kreativkraft und Leistungsfähigkeit des Handwerks und der mittelständischen Wirtschaft erhalten wollen, müssen wir begreifen, daß die gegenwärtigen finanziellen Prämissen dafür keine Gewähr bieten. Wir haben aus politischen Gründen die Kapitalbildung und die Kapitalkontinuität in unvertretbarer Weise eingeschränkt. Dieser Mißstand ist weder wegzudiskutieren noch durch erleichterte Kreditbedingungen abzustellen. Unsere Gesellschaft wird vielmehr in absehbarer Zeit vor die Frage gestellt werden, was ihr wichtiger ist: Ein funktionsfähiger Mittelstand oder aber noch mehr Solidarität und Gleichheit. Bei dieser Entscheidung sollte man beachten, welche Erfahrungen andere Länder mit der Ausschaltung unternehmerischer Kreativität gemacht haben.

Deutlich anders präsentiert sich die Position des Kapitals im Großunternehmen. Auch wenn wir heute gelegentlich demonstriert bekommen, daß Unternehmen ihre optimale Größe überschritten haben und dann manchmal nur noch zur Befriedigung des Ehrgeizes und der Eitelkeit ihrer Führung expandieren, bleibt die Form des Großbetriebes für viele Aufgabenstellungen unverzichtbar. Für die Finanzierung solcher Aufgaben wieder die Rückkehr zum Eigentümer-Unternehmer vorzuschlagen, wird wohl keinem politisch denkenden Menschen einfallen. Der gesellschaftliche Trend unserer Zeit muß bejaht werden – und ist nicht umkehrbar! Wichtig ist es aber, dabei die von uns gesellschaftlich angestrebten Ziele in funktionsgerechter Weise mit den Gegebenheiten unserer auf privatem Eigentum beruhenden Wettbewerbswirtschaft zu verbinden. Es kann dabei nicht darum gehen – wie zur Zeit in vielen Ländern versucht wird –, eine eigene ganz neuartige Wirtschaftsordnung zu entwickeln. Machen wir uns doch bewußt, daß wirkungsvolle Alternativen zur kapitalistischen Marktwirtschaft auf dieser Erde nicht anzutreffen sind. Also wird es darum gehen, die Frage zu beantworten, welche Strukturen in unseren Großbetrieben geeignet erscheinen, eine unternehmerische Führung mit dem Selbstverwirklichungsanspruch unserer Mitarbeiter und den notwendigen Finanzierungserfordernissen zu verbinden. Dabei wird der in der öffentlichen Debatte immer mehr in den Hintergrund tretenden Frage eines im ursprünglichen Sinne unternehmerischen Führungsbeitrages des Kapitals eine systemerhaltende Rolle zukommen.

In bezug auf den Einfluß des Kapitals im Unternehmen haben in unserem Lande der Gesetzgeber und die Praxis gewisse Normen geschaffen. Diese sind stark von der Konzeption des Aktiengesetzes bestimmt, durch Überwachung der Exekutive die Interessen der Aktionäre zu schützen. Entsprechend dieser Vorgabe konzentriert sich die Tätigkeit unserer Aufsichtsräte deutlich mehr auf die Kontrolle der Ordnungsmäßigkeit der Geschäftsführung als zum Beispiel auf die Überwachung der Zweckmäßigkeit der Unternehmenspolitik. Es ist hier auch daran zu erinnern, daß aus rechtssystematischen Gründen unser Aktiengesetz bewußt darauf verzichtet hat, das im Aufsichtsrat vorhandene Beratungspotential zu aktivieren. In dieser Hinsicht wird im Ausland überwiegend eine andere Zielsetzung verfolgt. So steht zum Beispiel für die Mitglieder des US-Board die Mitwirkung an der Unternehmensführung deutlich vor Kontrollaufgaben. Ein solches Verständnis der Vertretung der Kapitalinteressen kommt sicherlich der ursprünglichen Wirkungsweise des Kapitals beim Eigentümer-Unternehmer sehr viel näher.

Für gleichermaßen wenig sachgerecht halte ich die vom Gesetzgeber vorgegebene Zielsetzung und Wirkungsweise der Hauptversammlung. Wer sich einmal die Mühe macht, den Ablauf einer Hauptversammlung in einer großen Publikumsgesellschaft zu verfolgen, kann schwerlich die Überzeugung gewinnen, daß das anwesende oder vertretene Kapital in der Lage ist, einen qualifizierten Dialog mit der Exekutive zu führen beziehungsweise sinnvolle Entscheidungen zur Unternehmenspolitik zu fällen. Die vom Gesetzgeber für die Kapitalvertretung vorgeschriebene Prozedur ist eher geeignet, die Unfähigkeit des Kapitals zur Wahrnehmung seiner Interessen zu verschleiern, als tatsächlich einen konstruktiven Beitrag zur Unternehmensführung zu bewirken. Zwar sorgt die Geschicklichkeit von Vorstand und Aufsichtsrat im Normalfall dafür, daß diese Misere nicht aufscheint, an der Sprachlosigkeit des Kapitals ändert das aber nichts.

Diese Verhältnisse werden sich vermutlich so lange nicht bessern, wie die relevanten gesetzlichen Vorschriften in erster Linie von Juristen anstatt von erfahrenen Führungskräften der Wirtschaft gestaltet werden. Für diese Auffassung scheinen mir auch die vorgeschriebenen Modalitäten zur Wahl des Aufsichtsrats durch die Hauptversammlung zu sprechen. Obwohl wir in unserer Zeit im politischen Raum wahrhaftig eine Vielfalt unterschiedlicher Wahlkonzepte beobachten können, kommt offensichtlich niemand auf den Gedanken, danach zu fragen, ob die Auswahl der Kapitalvertreter im Aufsichtsrat den gestellten Anforderungen entspricht. Und selbst eine deutlich erkennbare unzureichende Einwirkung des Aufsichtsrats oder nachweislich falsche Entscheidungen führen selten zu Konsequenzen. Die auffällige personelle Kontinuität in unseren Aufsichtsräten scheint mir deshalb eher für die Unfähigkeit des Kapitals, seine Vertretung zu bewerten und Konsequenzen zu ziehen, als für die Befähigung der Aufsichtsräte zu sprechen.

Diese Unzulänglichkeit der Konzeption unseres Aktiengesetzes wird teilweise deshalb nicht offenbar, weil die Unternehmen, die zum Beispiel eher der amerikanischen Board-Praxis zuneigen, durch unsere gesetzlichen Bestimmungen an einer entsprechenden Handhabung nicht gehindert werden. Trotzdem ist auf den Tatbestand hinzuweisen, daß qualifiziertere gesetzliche Rahmenbestimmungen zu einer wirkungsvolleren Vertretung der Kapitalinteressen in der Wirtschaft führen könnten. An einer solchen Entwicklung müßte aber uns allen gelegen sein, da ein besserer Führungsbeitrag der Vertretung des Kapitals automatisch auch eine bessere Unternehmensführung bewirken würde. In diesem Zusammenhang zu erwarten, daß die Exekutive eine entsprechende Initiative ergreift, scheint mir vom Prinzip her eine Überforderung darzustellen. Hierzu müssen wir doch anmerken, daß sich die Interessenlage von Kapital und Management mehr und mehr auseinanderentwickelt hat. So bleibt als Fazit herauszustellen, daß ganz offensichtlich unser Gesetzgeber im Rückstand und im Obligo ist.

An dieser Stelle mag auch eine parallele Bewertung der Wirkungen des Mitbestimmungsgesetzes in bezug auf die Unternehmenspolitik interessieren. – Das Mitbestimmungsgesetz zielt in erster Linie auf die Wahrnehmung der Interessen des »Faktors Arbeit«. Wobei allerdings nach dem Aktiengesetz auch die Interessenvertretung der Mitarbeiter innerhalb des Aufsichtsrats vorrangig auf das Wohl des Unternehmens bedacht sein muß. Während dieser Aspekt gelegentlich aufgrund anderer Einsichten oder Akzentsetzung der Mitarbeitervertreter nur begrenzt beachtet wird, hat die Gesetzgebung fraglos eine wesentlich stärkere Berücksichtigung der Mitarbeiterinteressen bewirkt. Es wäre zu begrüßen, wenn eine kritische und qualifiziertere Überprüfung der Wahrnehmung des Kapitalinteresses in bezug auf die Unternehmenspolitik ähnliche

Wirkungen auch für die Aktionäre auslösen würde. Letzten Endes bewirkt nämlich eine richtige Einbringung und Durchsetzung des Kapitalinteresses eine bessere, nämlich eine unternehmerisch richtigere Geschäftspolitik.

Nach dem faktisch eingetretenen Rückzug des Kapitals aus der Unternehmensführung in unseren Großbetrieben lohnt es sich, die Frage aufzuwerfen, ob es außer der bereits dargelegten notwendigen Reorganisation der Kapitalvertretung in Hauptversammlung und Aufsichtsrat auch noch andere Möglichkeiten gibt, die Einflußkomponente »Kapital« in der Unternehmensführung zu aktivieren. Bei solchen Überlegungen sollten wir uns daran erinnern, wie früher der Eigentümer-Unternehmer den Wirkungsfaktor »Kapital« in seine Überlegungen einbezogen hat. Anschließend wäre zu prüfen, ob wir ähnliche Bedingungen auch in unseren Großunternehmen wieder herstellen können. Am wirkungsvollsten ist nämlich offensichtlich das Kapitalinteresse auch in unserer Zeit bei den Menschen aufgehoben, die auf der einen Seite Führungsentscheidungen treffen und auf der anderen Seite von diesen Entscheidungen persönlich mit ihrem eigenen Kapitalbesitz betroffen sind. Eine solche Rückwirkung auf die Führungskräfte ist gerade in unseren großen Unternehmen nur noch minimal gegeben. Das Interesse unserer Führungskräfte ist zwar auch heute noch auf den Erfolg ihres Verantwortungsbereichs ausgerichtet, denn schließlich hängen davon ihr Ansehen, ihre Karriere und ihr Einkommen ab. Bei ihrer Aufgabenstellung haben die Führungskräfte aber mit der Beachtung des Kapitalinteresses kaum etwas zu tun. Zwar nehmen sie die Notwendigkeit einer Dividendenzahlung als eine lästige Notwendigkeit in Kauf, eine persönliche Identifizierung mit diesem Kapitalinteresse ist aber in den seltensten Fällen gegeben. – Mir scheint, daß in dieser Diskrepanz der Interessen von Führung und Kapital im Großunternehmen zugleich ein wirkungsvoller Schlüssel für eine bessere Berücksichtigung des Faktors »Kapital« liegen könnte.

Kennzeichnend für die Situation der Führung in unseren großen Wirtschaftsbetrieben scheint mir die stetige Verkomplizierung der Aufgabenstellung und ein sich beschleunigender Wechsel der Arbeitsprämissen des Unternehmens zu sein. Dieser Gegebenheit kann nicht nur durch die inzwischen akzeptierte Führungstechnik der Delegation der Verantwortung entsprochen werden, auch eine neue Definition der Aufgabenverteilung zwischen der Unternehmensspitze, den Unternehmensbereichen und den Profitcentern ist erforderlich. Dabei muß man erfassen, daß die ursprüngliche unternehmerische Funktion nicht mehr im Vorstand stattfinden darf, sondern vielmehr auf der Ebene der Profitcenter-Leiter und Geschäftsführer zu erfolgen hat. Nur dort können noch die verschiedenen Wirkungskomponenten im unternehmerischen Sinne richtig bewertet und koordiniert werden. Demgegenüber stellen sich dem Vorstand die Aufgaben der Festlegung der Unternehmenspolitik sowie der Koordination und der Kontrolle. Auch diese Tätigkeiten verlangen viel Kreativität und führungstechnisches Können, aber in deutlich anderer Weise, als dies ursprünglich vom Unternehmer gefordert war.

Eine in dieser Art erfolgte Überprüfung und Definition der Aufgabenstellung in der Führungspyramide verlangt nicht nur Änderungen in der Organisation und Führungstechnik, sondern vor allem auch einen hohen Grad der Identifizierung aller relativ selbständig handelnden Führungskräfte. Und zwar muß gerade die selbständig operierende Führungskraft sowohl die Zielsetzung ihres Unternehmens als auch die Bedingungen ihres Auftrages akzeptieren. Eine solche Prämisse wird nur dann erreicht werden können, wenn die gesetzten Bedingungen so mit den Vorstellungen unserer heutigen Führungskräfte von Selbstverwirklichung übereinstimmen, wie dieses früher beim Unternehmer geschah. Dementsprechend ist zu prüfen, ob wir unseren Führungskräften wieder ein höheres Maß an Freiheit insbesondere in bezug auf die Auftragsgestaltung und die Entwicklung neuer Verfahren geben können. Aber auch im materiellen Bereich müssen wir die Bedingungen so gestalten, daß unsere Führungskräfte nicht nur an der Ausweitung von Umsatz und Gewinn interessiert sind, sondern persönlich wieder den richtigen Einsatz von Kapital erfahren. Das beste Mittel zur Erreichung eines solchen Zieles ist die Beteiligung der Geschäftsführer am Kapital ihres Profitcenters. Die Verwirklichung einer solchen Regelung kann übrigens viel einfacher gestaltet werden, als man es normalerweise bei einer geschäftlichen Beteiligung vermutet. Lösungen mit Hilfe von Genußkapital oder partiarischen Darlehen sind unkompliziert und in jedem Unternehmen ohne gesellschaftsrechtliche und steuerliche Rückwirkungen zu realisieren.

Die Auswirkung einer solchen Kapitalbeteiligung bedeutet die Wiederherstellung des ursprünglichen unternehmerischen Bezugs zwischen dem Erfolg des Profitcenters und dem Interesse des Geschäftsführers. Bei der Einführung einer solchen Regelung wird man bald erfahren, daß das Erfolgskriterium der Kapitalverzinsung deutlich andere Führungsentscheidungen auslöst als beispielsweise ein gewinnabhängiger Bonus. Ganz automatisch wird nunmehr nämlich wieder eine Optimierung des Kapitaleinsatzes angestrebt. Statt Gewinnoptimierung wird auch wieder der Bezug zur Menge des eingesetzten Kapitals und dem Kapitalrisiko beachtet. – Diese Wirkung ist natürlich nicht nur bei den Profitcenter-Leitern anzustreben. In gleicher Weise ist auch der Vorstand über eine Kapitalbeteiligung in diese neue Zielsetzung einzubinden.

Von einer solchen neuen Regelung ist es dann nur noch ein relativ kleiner Schritt bis zu einer unternehmerischen Wahrnehmung des Kapitalinteresses durch Aufsichtsrat und Hauptversammlung. Wenn nämlich spürbare Einkommensbestandteile der Führungskräfte in Abhängigkeit stehen von der erreichten Kapitalverzinsung oder auch der gezahlten Dividende, erreicht man sehr viel einfacher eine Konvergenz der Interessen von Kapital und Management. – Mir scheint, daß sich hier ein Weg abzeichnet, der eine unternehmerische Wahrnehmung der Führungsaufgabe verbindet mit einem sachgerechten Einsatz des Kapitals. Für die Evolutions- und Leistungsbefähigung unserer Wirtschaft würde eine solche Entwicklung einen großen Schritt voran bedeuten.

Vielleicht läßt sich mit einer solchen Kapitalbeteiligungsregelung auch noch ein anderes Ziel verknüpfen. – Die eingetretene Aufspaltung der Interessenlage von Kapital und Management hat nämlich auch zu einem Verhalten geführt, welches dem früheren Eigentümer-Unternehmer sehr fern stand. Ich meine den Verlust der Bindung einer Führungskraft an ihr Unternehmen. Wohl kaum ist es früher einem Unternehmer eingefallen, seine Firma beziehungsweise sein Lebenswerk im Stich zu lassen. Der karrierebewußte Manager, zum Beispiel heute in den USA, empfindet in dieser Hinsicht aber ganz anders. Sein persönlicher Erfolg ist keineswegs in allen Fällen identisch mit dem Erfolg seiner Firma. Sieht er auf einem anderen Wege eine bessere Karrierechance, so zögert er nicht, diese wahrzunehmen. Ob eine solche Einstellung zum Unternehmen mit der Folge einer stärkeren Flexibilität und möglicherweise auch einer Optimierung des Einsatzes der knappen Ressource »Management« eine positive Entwicklung für unsere Wirtschaft bedeutet, mag dahingestellt bleiben. Sicher ist aber, daß jeder vom Unternehmen nicht gewollte Verlust einer Führungskraft erhebliche negative Folgewirkungen hat, die im übrigen zumeist ein Vielfaches des Jahreseinkommens der abwandernden Führungskraft betragen. Das Suchen, Gewinnen und Einarbeiten eines neuen Geschäftsführers ist so zeit-, arbeits- und kostenaufwendig, daß jeder Firma daran gelegen sein muß, die Kontinuität ihrer guten Führungskräfte zu sichern.

Wenn eine Kapitalbeteiligung der Führung so gestaltet werden kann, daß die Kündigung eines Geschäftsführers spürbare Nachteile in der Bewertung seines Beteiligungsbesitzes auslöst, wird ein solcher Schritt sicherlich nicht mehr so leicht und häufig in Betracht gezogen werden. Eine entsprechende Regelung als eine unangemessene Bindung einer Führungskraft an das Unternehmen zu bewerten, halte ich für nicht gerechtfertigt. Es geht ja nicht um eine grundsätzliche Verhinderung eines Arbeitsplatzwechsels, sondern vielmehr um die Berücksichtigung der

Tatsache, daß ein Arbeitsplatzwechsel für das Unternehmen einen erheblichen Schaden bedeutet. Hier möchte ich parallel darauf hinweisen, daß eine solche Wirkung auch jeder Unternehmer verursacht und erfährt, der sich – gleich aus welchen Gründen – von seiner Firma trennt. Bei der Errechnung des ihm zukommenden Kaufpreises wird man nämlich immer auch den von ihm erbrachten Führungsbeitrag berücksichtigen. In extremen Fällen, zum Beispiel in kleineren Betrieben, sind Firmen ohne die Übernahme des Unternehmers nahezu unverkäuflich. Mir scheint, daß ein Teil dieser wechselseitigen Abhängigkeiten bei einer unternehmerischen Gestaltung der Arbeitsbedingungen unserer Führungskräfte ebenfalls ihren Ausdruck finden sollte.

An dieser Stelle möchte ich mich mit dem Einwand auseinandersetzen, daß angesichts der in vielen Kapitalgesellschaften gegebenen Aktionärsstruktur die Einführung einer Beteiligung der Führungskräfte ebenso unmöglich erscheint wie zum Beispiel die Gewinnbeteiligung der Mitarbeiter. Diese negative Einstellung der Aktionäre erscheint mir auf der einen Seite wenig fundiert – und ist mir aber auf der anderen Seite durchaus verständlich. In dem Maße, wie nämlich der Aktionär die Verhältnisse in seinem Unternehmen nicht mehr übersehen kann, konzentriert sich sein Interesse auf die Dividende. Diese Reaktion ist um so plausibler, wenn man bedenkt, wie schwer es sogar heute schon die Aufsichtsräte haben, die Firmenentwicklung gedanklich zu begleiten. Aus dieser Situation folgere ich aber nun nicht, daß es unmöglich ist, die Aktionäre über ihren eigenen Vorteil zu belehren. Nach meiner Auffassung müssen erst einmal der Aufsichtsrat, der Vorstand und die gesamte Führungspyramide in einem Unternehmen begriffen haben, welche Kräfte durch eine richtige Gestaltung der Zielsetzung und der Arbeitsbedingungen ausgelöst werden können. Ist dieser Überzeugungsprozeß gelungen, wird sich auch das Kapital entsprechenden Einsichten nicht verschließen. Auch das Kapital erfährt doch heute zunehmend, wie stark der Erfolg eines Unternehmens von der Leistungsfähigkeit und Motivation seiner Führungskräfte und Mitarbeiter abhängt. Die Zeiten, da Milton Friedman feststellen konnte, daß soziale oder andere motivierende Maßnahmen im Unternehmen in Wirklichkeit ein Betrug an den Aktionären darstellten, sind vorbei. Schon lange ist das Kapital nicht mehr die wichtigste Erfolgskomponente im Unternehmen, sondern seine Führung und die Einsatzbereitschaft der Mitarbeiter. Jeder Kapitaleigner täte gut daran, sich in diesem Zusammenhang daran zu erinnern, daß selbst der Unternehmer in der Blütezeit des liberalen Kapitalismus die Verwendung seines Kapitals und seine Dividendenwünsche den Notwendigkeiten der wirtschaftlichen Entwicklung seines Unternehmens untergeordnet hat. Das gleiche ist heute vom Kapital auch im eigenen Interesse zu fordern. Wir alle müssen zur Kenntnis nehmen, daß sich die Arbeitsbedingungen und Erfolgsprämissen in unserer Wirtschaft entscheidend geändert haben. Auch das Kapital und seine Vertretung müssen das begreifen und entsprechende Konsequenzen daraus ziehen. Eine solche Handlungsweise bedeutet nicht einen Verzicht auf zustehende Gewinne und Rechte, vielmehr sichert nur diese Einstellung den Bestand und Erfolg des Kapitals in der Zukunft.

Es ist mir deutlich, daß diese Zusammenhänge in unserem Lande noch keineswegs der allgemeinen Überzeugung entsprechen. Wir befinden uns ja auch mitten in einem Umstellungsprozeß. Vieles spricht aber dafür, daß der uns vom internationalen Wettbewerb auferlegte Leistungsdruck für eine baldige Verbreitung der Erkenntnisse sorgen wird. Meine eigene Erfahrung führt mich jedenfalls zu dem Schluß, daß ein unternehmerisches Mitwirken des Kapitals im Unternehmen die beste Form der Zukunftssicherung für unsere Wirtschaft darstellt. – Die Weiterentwicklung des liberalen Kapitalismus zur heutigen Form der sozialen Marktwirtschaft entsprach den gesellschaftlichen und wirtschaftlichen Belangen der Zeit. Mir scheint aber, daß wir in dem richtigen Bemühen um mehr Solidarität und Gerechtigkeit die entscheidende Triebkraft des Systems, die Kreativleistung des Unternehmers, in unzulässiger Weise eingeschränkt haben. Im Sinne einer sachgerechten Weiterentwicklung unserer Wirtschaftsordnung sollten wir deshalb bemüht sein, dem unternehmerischen Menschen in unserer Wirtschaft wieder mehr Freiraum und angemessene Arbeitsbedingungen zu schaffen. Bei einer solchen Zielsetzung müssen wir auch eine wirkungsvolle Einbindung des Produktionsfaktors Kapital in den Führungsprozeß sicherstellen.

Nachstehend möchte ich noch einmal in Thesenform die von mir für wichtig gehaltenen Schritte zur Reform unserer Großunternehmen zusammenfassen:

- Die ursprüngliche unternehmerische Arbeitsweise gibt den Hinweis auf die Reformziele: Die Aufspaltung von Kapital- und Führungsinteressen muß überwunden werden!

- Das Kapital muß den heutigen Rang der Wirkungsfaktoren »Führung« und »Arbeit« zur Kenntnis nehmen und eine Eingliederung dieser Kräfte in das Unternehmensgeschehen betreiben. – Die Kapitalbeteiligung ist dafür der beste Weg.
- Das Kapital muß wieder in die Lage versetzt werden, einen unternehmerischen Führungsbeitrag zu leisten. Das erfordert andere Modalitäten für die Wirkungsweise der Hauptversammlung und des Aufsichtsrats. – Der Gesetzgeber sollte dazu die Initiative ergreifen!
- Die Einbringung des Führungsbeitrages des Kapitals in die Unternehmensentscheidungen erfordert einen deutlich intensiveren Einsatz des Aufsichtsrats im Sinne eines ständigen Dialogs mit dem Vorstand.

Anschließend möchte ich noch zu der Frage Stellung nehmen, ob die von mir vorgeschlagenen Veränderungen durchgesetzt werden können. – Die Tendenz zum Beharren, basierend auf einer Tradition erfolgreicher Wirtschaftsgeschichte, aber auch auf mangelnder Einsicht und persönlicher Bequemlichkeit, steht einer Evolution sehr entgegen. Eigentlich erwarte ich auch gar nicht, daß allein bessere Einsichten in die geänderten Arbeitsbedingungen unserer Zeit die Wende herbeiführen werden. Eher vermute ich, wird der Wettkampf gesellschaftlicher Ordnungen und wirtschaftlicher Systeme diese Entwicklung auslösen. Der Zwang zu Erfolg und Evolution hat unsere Unternehmen in der Vergangenheit immer wieder vorangebracht – sehr zum Vorteil der Bürger! Diese Zwänge werden auch das Geschehen in der Zukunft bestimmen. Nur das beste Wirtschaftssystem hat dabei eine

Überlebenschance. – Angesichts der heutigen Anforderungen an unsere Betriebe wird einer qualifizierten Führung und einer sachgerechten Unternehmensverfassung ein entscheidender Rang zukommen. Die richtige Einordnung des Wirkungsfaktors »Kapital« ist dabei eine unverzichtbare Prämisse des Erfolgs.

Zum Glück haben wir in unserer Zeit die Möglichkeit eines Anschauungsunterrichts durch die Beobachtung relevanter Entwicklungen in aller Welt. Wer diese Botschaften analysiert, kann sehr wohl bemerken, daß sich die notwendigen Lösungen bereits in vielfältigen Versuchen abzeichnen und zu mancherlei brauchbaren Konzepten geführt haben. Es besteht deshalb für mich kein Zweifel mehr, daß die Reform des kapitalistischen Wirtschaftssystems möglich ist. Unterschiedlicher Auffassung mag man sein in bezug auf den Zeitbedarf für eine solche Reform, denn viele Kräfte müssen bei dieser komplizierten Aufstellung mobilisiert werden und mitwirken. Insbesondere sind dazu aufgerufen die Vertreter der Wirtschaft, der Wissenschaft und der Politik. Ihr Engagement könnte in dieser Richtung viel bewegen. Sie könnten den Ausweg aus Stagnation und Arbeitslosigkeit ebenso aufzeigen wie eine Möglichkeit zu mehr Menschlichkeit und Selbstverwirklichung in der Welt der Arbeit.

# Hindernisse auf dem Weg zur partnerschaftlichen Zusammenarbeit in der Wirtschaft[1]

## Die Ausgangslage

Über die Möglichkeiten einer besseren Zusammenarbeit und einer menschlicheren Arbeitswelt wird gerade in unserer Zeit viel nachgedacht. Die Mitglieder der Arbeitsgemeinschaft für Partnerschaft in der Wirtschaft sind bemüht, entsprechende Konzepte sowohl in ihren Unternehmen zu realisieren als auch für eine partnerschaftliche Unternehmenskultur zu werben. Diese Bemühungen gibt es seit Jahrzehnten, und sie werden durch mancherlei gesetzliche Vorschriften unterstützt und gefördert. Trotz-

1 Diese Veröffentlichung basiert auf einem Vortrag, den R. Mohn auf der Jahrestagung der Arbeitsgemeinschaft für Partnerschaft in der Wirtschaft im Dezember 1990 in Bonn gehalten hat, herausgegeben im Verlag Bertelsmann Stiftung, 1991.

dem müssen wir bei realistischer Wertung der Praxis in unserer Wirtschaft einräumen, daß der Gedanke einer partnerschaftlichen Einstellung noch enttäuschend geringe Akzeptanz gefunden hat und somit schleppend realisiert wird. Es gibt daher gute Gründe, darüber nachzudenken, warum dies so ist. Sich mit Idealismus und gutem Willen für eine Überzeugung einzusetzen, reicht nicht aus, wenn das Konzept sachliche Fehler beinhaltet oder aber ein nicht mehr zeitgemäßes Menschenbild zugrunde legt. Die Geschichte der menschlichen Kultur enthält viele Beispiele gescheiterter Hoffnungen, bei denen aufgrund von Unvermögen gute Absichten zu Mißerfolgen führten. Gerade in unserer Zeit dokumentiert die politische Entwicklung im Osten, daß die mit dem Sozialismus verbundenen humanen Zielsetzungen in ihr Gegenteil verkehrt wurden, weil ihnen ein falsches Menschenbild zugrunde lag. Es gibt daher auch für diejenigen, die sich für mehr Partnerschaft in der Wirtschaft einsetzen, Gründe, darüber nachzudenken, ob die angesprochenen Verzögerungen bei der Einführung einer humaneren Unternehmenskultur auf Irrtümern und Fehleinschätzungen beruhen.

Über die sozialistische Wirtschaftsverfassung als Alternative brauchen wir uns in diesem Zusammenhang keine Gedanken zu machen. Jedermann hat erfaßt, daß ein solches System der Aufgabenstellung unserer heutigen Wirtschaft nicht gerecht werden kann. – Alternativ könnte man überlegen, ob der Rückfall in eine liberale Wirtschaftsordnung zu mehr Wohlstand und Fortschritt führen würde – oder ob das erfolgreiche Modell der sozialen Marktwirtschaft schon der Endpunkt einer konzeptionellen Entwicklung ist.

Hier erlaube ich mir den Hinweis auf die geistigen Väter der sozialen Marktwirtschaft und ihre Stellungnahmen in den 40er und 50er Jahren. Sie wußten sehr wohl, daß sich eine Wirtschaftsordnung nicht nur durch Effizienz bewährt. Immer wieder hat beispielsweise Ludwig Erhard darauf verwiesen, daß eine ethische Untermauerung und eine Identifizierung der Menschen mit ihrer beruflichen Aufgabenstellung für den Erfolg der Unternehmen unerläßlich sind. So scheint mir die Frage erlaubt, ob die heute erkennbaren Prämissen für die Unternehmen und die Wirtschaft in ihrer geistigen und strukturellen Ausprägung noch ausreichend sind.

Es mag Ihnen bekannt sein, daß ich mich in viereinhalb Jahrzehnten meiner beruflichen Tätigkeit für eine Verbindung von Menschlichkeit und Effizienz innerhalb des Unternehmens eingesetzt habe. Überzeugungen, die mir das Elternhaus vermittelte und die ich in Krieg und Gefangenschaft erwarb, bestimmten meine Ziele. Meine berufliche Bilanz belegt, so meine ich rückschauend, daß die Kombination unternehmerische Arbeit und humanes Engagement eine gute Erfolgsgrundlage darstellen kann.

Als Folge eines neuen Selbstverständnisses der Menschen, beeinflußt durch Medien, Parteien und Tarifpartner, findet seit geraumer Zeit ein Dialog über die Zielsetzungen der Wirtschaft und den Stellenwert der Arbeit im Leben des Menschen statt. Vordergründig könnte man als Ergebnis dieses Meinungsbildungsprozesses auf die Fortschreibung der Sozialgesetzgebung und auf die Vermögensbildungsgesetze hinweisen. Das Erreichte bietet gewiß mehr sozialen Schutz und in Ansätzen auch mehr materielle Gerechtigkeit. Trotzdem haben wir erst relativ kleine Schritte auf dem Weg zu mehr Partnerschaft in der Wirtschaft gemacht. Im Verhältnis zu den Notwendigkeiten und Möglichkeiten ist das enttäuschend wenig. Noch immer sind Zweifel und Ablehnung bei den Tarifpartnern vorherrschend. Das Bemühen um Besitzstandswahrung und das Festhalten am »Bewährten« verhindern die notwendige Aufgeschlossenheit für neue, menschlichere und wirksamere Strukturen. – Die Vertreter des Kapitals zeigen sich gegenüber dieser Problematik ebenso uninformiert wie ablehnend. Der mittelständische Unternehmer wie das professionelle Management sehen in solchen Ideen nur die Gefahr der Gewinnminimierung. Es ist erstaunlich, daß gerade diese Berufsgruppe übersieht, welches Leistungspotential mobilisiert werden könnte, wenn sich die Mitarbeiter stärker mit ihrer Aufgabe identifizierten. Egoismus und Egozentrik sind große Hindernisse. Erstaunlicherweise engagieren sich auch die Träger der sozialen Entwicklung in Parteien und Gewerkschaften in dieser Frage nur wenig. Ich behaupte, daß diese Verbandspolitik zum einen das Problem nicht richtig erfaßt hat und zum anderen die Wünsche und Interessen der in der Wirtschaft tätigen Menschen entweder nicht berücksichtigt oder falsch interpretiert.

Der Wirtschaft und den Menschen geht es gut. Zwar taucht hin und wieder die Vermutung auf, daß wir uns im Bereich der Wirtschafts-, Sozial- und Arbeitsmarktpolitik noch vorrangig mit den Problemen der Vergangenheit befassen. Die überlieferten Aufgabenstellungen sind aber mehr oder weniger als gelöst anzusehen.

Bedenklicher stimmt es da schon viele Kommentatoren, daß unsere Wirtschaft sich auf Teilmärkten als unfähig erweist, ihre Position im internationalen Wettbewerb zu bewahren. Die Ursachen dafür werden entweder nicht erkannt oder aber verdrängt. Dies ist um so erstaunlicher, als aufgrund der heutigen Informationsmöglichkeiten weiterführende und erfolgreiche Konzeptionen in anderen Ländern sehr wohl zu beobachten sind. Mir scheint, daß es gute Gründe gibt, solche leistungsfähigeren Strukturen zu analysieren. Es reicht nicht, befriedigt festzustellen, daß der Sozialismus in Politik und Wirtschaft versagt hat. Notwendig wäre, daß wir die Kraft und den Mut aufbringen, über Ordnungen nachzudenken, die geeignet erscheinen, aus der heutigen wirtschaftlichen und gesellschaftlichen Stagnation herauszuführen.

Aufgrund vielerlei Erfahrungen ist wohl damit zu rechnen, daß die hier angesprochene kulturelle Evolution nicht in erster Linie durch Erkenntnisse und exemplarische Lösungen ausgelöst wird, sondern irgendwann durch Zwänge. Angesichts unseres heutigen Lebensstandards wird ein solcher Wandlungsprozeß allerdings wohl noch einen erheblichen Zeitraum beanspruchen.

Diese Bewertung sollte aber den unternehmerischen und kreativen Menschen nicht davon abhalten, in seinem eigenen Zuständigkeitsbereich erfolgreichere Strukturen zu entwickeln. Die Chance dazu ist gerade im Bereich der Wirtschaft in außergewöhnlichem Umfang gegeben. Die nicht zu bestreitenden Erfolge partnerschaftlich verfaßter Unternehmen sollten schon jetzt zum Nachdenken anregen. Mir scheint, daß sich die Arbeit der Arbeitsgemeinschaft für Partnerschaft in der Wirtschaft und die Pionierleistungen einiger Unternehmer und Wissenschaftler sehen lassen können. Es liegt in der Natur des Unternehmers, das Neue zu versuchen, gestalten zu wollen und den Erfolg anzustreben. Deshalb wundert mich die Schwerfälligkeit bei der Realisierung von Partnerschaft in der Wirtschaft. Sie hat viele, aber kaum gute Gründe, die ich etwas näher untersuchen will.

## Gewandelte Rolle und Aufgabe des Unternehmers

Am Anfang einer solchen Analyse steht die Erkenntnis, daß die früheren Prämissen für das Entstehen und die Ausprägung von Regeln für eine freie Wirtschaft heute nur noch in geringem Umfang gegeben sind. Im 19. Jahrhundert und teilweise auch noch zu Beginn des 20. Jahrhunderts konnte der Unternehmer bei relativ schwacher Konkurrenz von abgeschirmten nationalen Märkten ausgehen. Seine Aufgabenstellung war im Vergleich zu heute relativ unkompliziert. Sein Gestaltungsvermögen, seine Kreativität und Arbeitskraft konnte er frei von wesentlichen Behinderungen in seinem Unternehmen wirken lassen. Er selbst suchte entsprechend seiner Veranlagung die Chance der Selbstverwirklichung – und fand sie in geradezu idealer Form unter den damaligen Konditionen. Der Unternehmer selbst war in seiner Firma der entscheidende Erfolgsfaktor, seine Mitarbeiter interessierten ihn in erster Linie als Erfüllungsgehilfen. Die Aufgabe der Führung war noch relativ unkompliziert. Über die heute weit verbreitete Spezialwissenschaft der Führungstechnik brauchte man sich damals keine Gedanken zu machen. Es war relativ einfach, Geld zu verdienen und Kapital zu bilden. Die Durchsetzung der Familientradition unter solchen Verhältnissen erschien als Tugend.

Diese Voraussetzungen für die erfolgreiche Arbeit eines Unternehmens bzw. eines Unternehmers haben sich im Verlauf von 150 Jahren entscheidend verändert. Jede wirtschaftliche Tätigkeit ist nun einem unglaublichen internationalen Konkurrenzdruck ausgesetzt. Die rasche Evolution der Produkte und Verfahren gehört zum Alltag des Unternehmers. Die Führungsaufgabe ist schwieriger geworden und kann schon längst nicht mehr von einem Menschen wahrgenommen werden. Es gibt sicherlich gute Gründe für den anhaltenden Versuch, die Führungsproblematik durch weitere wissenschaftliche Untersuchungen zu lösen.

Auf eine entscheidende Änderung der Arbeitsprämissen sei in diesem Zusammenhang ebenfalls noch hingewiesen: auf die Änderung des Selbstverständnisses der Menschen. Unter dem Einfluß politischer Erziehung, vermehrter Bildung und erhöhtem Lebensstandard veränderten sich das Selbstverständnis, die Ziele und Erwartungen der in der Wirtschaft tätigen Menschen. So wie der Unternehmer früher, bewußt oder unbewußt, in seiner Arbeit Selbstverwirklichung suchte, wollen dies heute auch alle in einem Unternehmen Tätigen. Dieser Wunsch nach Selbstverwirklichung geht längst über die Sicherung der materiellen Existenz hinaus. Mehr und mehr prägt sich bei den Menschen der Wunsch aus, die Arbeitswelt als sinnvollen Teil ihres Lebens empfinden und gestalten zu können.

Solche Veränderungen müssen sich zwangsläufig in einem anderen Zielverständnis für die Wirtschaft und in einem anderen Menschenbild im Hinblick auf Strukturen und Gesetze niederschlagen. Eine sachgerechte Berücksichtigung und Koordination der neu entstandenen Zielsetzungen und Wirkungsfaktoren verlangen die Entwicklung einer neuen Unternehmenskultur.

Wir sollten uns darüber im klaren sein, daß es sich hier um einen kulturellen Wandlungsprozeß großen Ausmaßes handelt.

Wenn wir die Erarbeitung einer neuen Unternehmenskultur in Angriff nehmen, ist es unerläßlich, daß wir ihre entscheidenden Prämissen und Bausteine analysieren. Deshalb ist es eine grundlegende Aufgabe, ein neues Zielverständnis zu entwickeln, welches den beschriebenen Veränderungen entspricht.

Besonders wichtig erscheint mir in diesem Zusammenhang, daß wir die überlieferten Definitionen des Zielverständnisses eines Wirtschaftsunternehmens in Frage stellen. – Die Zielkomponenten von Gewinn, Kapitalzuwachs und Eigentum werden heute und auch in Zukunft von Bedeutung sein. Sie sind allein aber nicht ausreichend, um die Existenz und Arbeit eines Unternehmens zu legitimieren. Wir müssen öffentlich hervorheben, daß von der privaten Wirtschaft in erster Linie optimale Beiträge in Form von Produkten und Dienstleistungen für die Gesellschaft erwartet werden. Diesem übergeordneten Ziel haben sich alle anderen Zielsetzungen, z.B. von Kapital, Führung und Mitarbeitern, unterzuordnen. Völlig legitim ist die Erwartung, daß alle am Unternehmen Mitwirkenden ihre eigenen Ziele verfolgen. Dabei müssen sie aber die Dominanz des übergeordneten Zieles akzeptieren. Das Durchsetzen von Teilzielen darf nicht zu einer Beeinträchtigung der anzustrebenden Leistungsfähigkeit des Unternehmens führen. – Im Sinne der Entwicklung unserer Kultur und des veränderten Selbstverständnisses der Menschen sollten wir für die beteiligten Einflußgruppen folgende Unterziele akzeptieren:

- Allen Betroffenen wird der Anspruch der Selbstverwirklichung in der Welt der Arbeit zuerkannt. Dies gilt insbesondere auch für die Ausprägung der Arbeitsbedingungen des unternehmerischen und kreativen Menschen.
- Das Kapital muß an Gewinn und Verzinsung interessiert sein, aber es soll sich nicht mehr für die entscheidende Wirkungskomponente halten.
- Ein Unternehmen muß sich das Ziel der Kontinuitätssicherung setzen. Das erfordert seine Verpflichtung gegenüber der Gesellschaft und den vom Unternehmen Abhängigen.

Die vorgenannten Maßstäbe heben frühere Zielsetzungen nicht auf, sondern setzen sie nur in eine andere Beziehung zu den Menschen und der Gesellschaft. Diese neue Ordnung ist allerdings kategorisch zu fordern, da anderenfalls die Legitimation und die Erfolgsprämissen für die Wirtschaft in Frage gestellt sind.

Diese Ableitung führt zu den nachstehenden, in Thesen gefaßten Konsequenzen:

- Die Durchsetzung der Selbstverwirklichungsmöglichkeit aller Beteiligten ist die vordringlichste Aufgabe bei der neuen Strukturierung unserer Wirtschaft. Ihre Bewältigung verspricht, ein gewaltiges Leistungspotential zu erschließen.
- Die Forderung nach Selbstverwirklichung stellt neue Anforderungen an das Führungskonzept und die Ver-

fassung des Unternehmens. Sie setzt ein Zielverständnis und Arbeitsbedingungen voraus, mit denen sich alle Beteiligten identifizieren können. Zu den Bausteinen eines solchen Unternehmensverständnisses gehören:

- die Akzeptanz der Zieldefinition
- menschliche Anerkennung
- materielle Gerechtigkeit
- Freiraum für Mitwirkung und Gestaltung
- Aufstieg nach Leistung
- soziale Rücksichtnahme.

- Führung durch Zwang und Vorschrift ist nicht mehr ausreichend. Zwänge müssen durch Eigeninteresse und Motivation der Führung und der Mitarbeiter ersetzt werden.
- Auch in Zukunft müssen im Unternehmen Differenzen zwischen Kapital, Führung und Arbeit ausgetragen werden. Der Stil dieser Auseinandersetzungen sollte aber geprägt sein von der gemeinsamen Verantwortung für den Unternehmenserfolg. Er darf darüber hinaus die Identifizierung mit dem Unternehmen nicht in Frage stellen.
- Unsere politischen und tarifpartnerschaftlichen Repräsentanten müssen den Mut und die Kraft aufbringen, aus den eingetretenen Entwicklungen Konsequenzen für ihr Zielverständnis und Verhalten abzuleiten. Eine ordnungspolitische Bestandsaufnahme ist dazu der erste Schritt.
- Eine weiterentwickelte Führungstechnik muß Wege finden, die Freiheit, Kreativität, Risikobereitschaft und Identifikation aller verantwortlichen Mitarbeiter wiederherzustellen.

- Die Forderung nach materieller Gerechtigkeit verlangt eine deutlich differenzierte und leistungsorientierte Vergütung sowie eine Beteiligung an Gewinn und Kapital des Unternehmens.
- Die zur Selbstverwirklichung gehörenden Freiheitsrechte finden ihre Grenze in der Befähigung des einzelnen und im übergeordneten Interesse des Gesamtunternehmens.
- Dabei leiten sich die Freiheitsrechte nicht aus demokratischen, sondern aus humanen Grundsätzen ab.
- Das Selbstverständnis des Kapitals und seiner Vertreter hat sich heute weit von der ursprünglichen unternehmerischen Einschätzung entfernt. Die heutige Praxis der Kapitaleinwirkung ist nicht sachgerecht. Erfolgt keine Fortschreibung, so könnte sich das als systembehindernd erweisen. – Die wünschenswerte Kapitalbeteiligung von Führung und Mitarbeitern und eine unternehmerisch gestaltete Wahrnehmung der Aufsichtsratsfunktion sind als Reformschritte in naher Zukunft denkbar.
- Das Kapital und seine Vertreter müssen begreifen, daß Kapital nicht mehr der entscheidende Erfolgsfaktor ist. Die Sicherung und Optimierung von Kapitalerträgen setzt eine unternehmerische Integration der Wirkungsfaktoren Kapital, Führung und Arbeit voraus.

## Das Verhalten der Verantwortlichen

Ich möchte noch einmal auf das erstaunlich geringe Interesse der Verantwortlichen an einer sachgerechten Evolution der Unternehmenskultur eingehen. Längst gibt es im internationalen Umfeld, aber auch in unserem Lande genügend Beispiele dafür, daß eine fortgeschriebene Zielsetzung und die sachgerechte und humane Koordination der im Unternehmen wirkenden Faktoren erstaunliche Erfolge bewirken kann. Wenn sie trotzdem von dem Verantwortlichen nicht positiv aufgegriffen werden, kann das an einer entgegenstehenden eigenen Interessenlage liegen oder aber auch an Unkenntnis. Unter diesen Gesichtspunkten möchte ich nachstehend in Thesenform eine Bewertung einzelner Gruppen versuchen.

1) Die Politik ist in Abhängigkeit von demokratischen Spielregeln an der Durchsetzung schwieriger Veränderungen, teilweise auch gegen die Ansichten der Verantwortlichen, nicht interessiert. Von dieser Seite kommen Reaktionen erst zu einem Zeitpunkt, wenn sie für neue Lösungen Akzeptanz und Beifall erwarten kann.
2) Die begleitende Wissenschaft registriert die Entwicklungen. Sie leidet jedoch unter Praxisferne. Es fehlt ihr an der Befähigung zur kreativen Kombination unterschiedlicher Wirkungsfaktoren.
3) Die Vertreter berufsständischer Verbände und Organisationen sind aufgrund ihrer notwendigen demokratischen Verfassung von Mehrheitsmeinungen abhängig. Diese Mehrheiten sind in ihrem Denken eher konservativ und um Besitzstandserhaltung bemüht.
4) Eine in unserer Zeit wünschenswerte geistige, ethische und philosophische Analyse und Steuerung des Evolutionsprozesses wird gelegentlich versucht – zumeist allerdings ohne hinreichende fachliche und menschliche Qualifikation. Die Ergebnisse dieser Bemühungen erreichen kaum die Meinungsbildner.

5) Das Selbstverständnis und der Egoismus des Unternehmers können unter den heutigen Arbeitsbedingungen nur begrenzte, in der Zukunft unzureichende Erfolge bewirken. Gerade der Unternehmer benötigt dringend geistige und konzeptionelle Anstöße, um weiterführende Konsequenzen zu ziehen. Diese Anstöße werden ihm nicht vermittelt, oder er greift sie nicht auf.
6) Noch unbeantwortet ist die Frage, ob die geforderte Evolutionsfähigkeit des Unternehmers zu einer prohibitiven Belastung seiner originären Antriebsimpulse führen wird. Das Verhalten und die Motivation vieler unselbständiger Führungskräfte geben hier jedoch Anlaß zur Hoffnung!
7) Der Selbstverwirklichungsanspruch der Mitarbeiter und Führungskräfte soll sich in ihrem persönlichen Erfolgsstreben ebenso ausdrücken wie in ihrem Beitrag zur Weiterentwicklung der Unternehmenskultur. Das Vorhandensein einer entsprechenden Unternehmensverfassung ist dafür eine wichtige Voraussetzung.

Die vorstehende Bewertung gibt Hinweise auf wesentliche Voraussetzungen und Hindernisse des geforderten Evolutionsprozesses. Die Aufzählung erfolgte eher in exemplarischer Weise. Sie erhebt nicht den Anspruch, alle Faktoren ausreichend zu würdigen. – Die Analyse mag aber das Phänomen erklären, warum ein erwiesenermaßen funktionstüchtiges Unternehmenskonzept nur so zögernd Eingang in die Praxis findet. Es sollte auch aus dieser Argumentation erkennbar werden, daß nicht materielle oder fachliche Komponenten den Wandel in erster Linie behindern. Entscheidend wird der Wandel von der menschlichen Wesensart bestimmt sowie von der Bereitschaft des Menschen, zu lernen und zu kooperieren.

## Beschleunigungsfaktoren für eine Evolution der Unternehmenskultur

Eine andere interessante Frage ist, welche Faktoren den Entwicklungsprozeß beschleunigen könnten. Dazu gehört u.a. ein ausreichendes Wissen über die Möglichkeiten in der Gestaltung von Unternehmenskultur. Wir müssen begreifen, daß die Zeit hierarchischer Strukturen vorüber ist. Die Anforderungen des Wettbewerbs, der Evolutionsgeschwindigkeit und der zunehmenden Komplexität verlangen die Verteilung von Verantwortlichkeit auf viele Menschen. Eine erfolgreiche Unternehmenspolitik bedarf stets neuer kreativer Anstöße. Diese Impulse können nicht allein von der Spitze vermittelt werden, sie müssen vielmehr getragen sein von der Identifikation und Einsatzbereitschaft aller kreativen Führungskräfte und Mitarbeiter. Diese Erkenntnis erleichtert die Weiterentwicklung der Unternehmenskultur. In einer Kurzformel zusammengefaßt, heißt dies: Menschlichkeit ist heute eine entscheidende Erfolgsprämisse unternehmerischer Tätigkeit.

Neben dieser Erkenntnis wird sich der Zwang des Wettbewerbs als wichtiger Impulsgeber bewähren. Für alle Bereiche unserer Gesellschaft gilt die Aussage, daß sich nur dort etwas bewegt, wo Mißerfolg oder Wettbewerb es erforderlich machen. Die Erfolge der Japaner, die nicht zuletzt auf einer anderen gesellschaftlichen und wirtschaftlichen Konzeption beruhen, sollten uns zum Nachdenken bringen. Ähnliche oder gleichartige Arbeitsmodelle finden wir in der westlichen Wirtschaft – und zumeist mit exzellentem Erfolg. Als Negativ-Beispiele nenne ich in diesem Zusammenhang die riesigen Unternehmenskonglomerate und staatlichen Behörden, die noch mit der Führungstechnik und Zielsetzung der Vergangenheit arbeiten.

Ein wichtiger und von der Wirtschaft nicht zu übersehender Impuls für eine zeitgemäße Unternehmenskultur wird das gewandelte Selbstverständnis der Menschen unserer Zeit sein. Ihr Verlangen nach mehr Gerechtigkeit und der Chance zur Selbstverwirklichung kommt zum Glück den neuen Gegebenheiten in der Auftragsabwicklung der Industrie in hohem Maße entgegen. Mehr Menschen müssen entscheiden – und sie werden das nur tun, wenn es ihrem Selbstverständnis und ihrem Interesse entspricht.

Wenn wir über die Entwicklung der Unternehmenskultur nachdenken, so wird deutlich, daß Effizienz keine hinreichende Legitimation für ein Unternehmen sein kann. Menschen erwarten nicht nur die Sicherung ihres Lebens durch Rationalität, sie erwarten auch Möglichkeiten zur Sinnerfüllung in der Arbeitswelt, die von ethischen Prinzipien getragen wird. Ich bin überzeugt, daß diese ethische Ausrichtung der Unternehmenskultur der entscheidende Wegweiser für die Evolution unserer Wirtschaftsverfassung ist. Dies ist eine besondere Herausforderung für alle Entscheidungsträger in unserer Gesellschaft.

Wir stehen vor der Notwendigkeit einer kulturellen Fortschreibung unserer Ziele und Maßstäbe. Eine solche

Wandlung stellt hohe Anforderungen an eine Gesellschaft und braucht viel Zeit. Wir müssen zur Kenntnis nehmen, daß ein solcher Entwicklungsprozeß nicht wesentlich beschleunigt werden kann.

Die Wandlungen berühren auch das überkommene Selbstverständnis der Menschen und ihre Ansprüche an Recht und Gesetz. Die Fortschreibung des Eigentumsbegriffs in der Wirtschaft und eine richtige Ableitung der aus dem Eigentum resultierenden Führungsrechte stehen als Aufgabe vor uns. In diesem Bereich werden sich die retardierenden Kräfte als besonders hinderlich erweisen.

Bei einer solchen Fortschreibung müssen wir uns vor dogmatischen Ansätzen hüten. Die Berücksichtigung und Einbeziehung der kreativen Leistungsträger ist eine diffizile Aufgabe! Eine große Zahl unserer Mitarbeiter muß erkennen und lernen, daß sie aufgerufen ist, Verantwortung in der Welt der Wirtschaft zu übernehmen, zugleich aber auch gegen sich selbst das Prinzip der Subsidiarität gelten zu lassen. – Für die Interessenvertretungen der Mitarbeiter und die tarifpartnerschaftlichen Organisationen bedeutet dies die Überprüfung überkommener Ziele und Methoden.

## Fazit

Ich sehe durchaus, welche Hindernisse der Entwicklung einer neuen Unternehmenskultur entgegenstehen. Ich habe die Schwierigkeiten und den Zeitbedarf des Wandlungsprozesses nicht verschwiegen, gleichzeitig aber auch deutlich gemacht, daß ich diese Entwicklung aus menschlichen und wirtschaftlichen Gründen für unerläßlich halte. – Nur die Verbindung von Humanität und wirtschaftlicher Effizienz wird in der Zukunft erfolgversprechend sein.

Die Entwicklung erfordert nicht nur die Fortschreibung der Führungstechnik in dem Sinne, daß mehr delegiert und koordiniert wird, sondern auch, daß die Unternehmensfinanzierung in der derzeitigen Form, insbesondere bei Inanspruchnahme von Eigenkapital auf dem Kapitalmarkt, einer optimalen unternehmerischen Firmenpolitik entgegensteht. Ich habe erfahren, daß es andere Lösungsmöglichkeiten gibt, wenn man die Mitarbeiter und Führungskräfte beteiligt und zu Unternehmern werden läßt und wenn man als Aktionär die eigenen Interessen denen des Unternehmens unterordnet. Gern räume ich ein, daß ich mich um Erfolg bemüht und mich über erreichten Erfolg gefreut habe. Nie habe ich aber den finanziellen Erfolg des Unternehmens auf meinen persönlichen Bedarf bezogen. Es ist mir stets bewußt gewesen, daß in dieser Hinsicht der Eigentumsbegriff unserer Gesellschaft weiterzuentwickeln ist. Es wird mich sehr interessieren, wie die Unternehmer in unserer Wirtschaft die Abgrenzung zwischen der Interessenlage ihres Unternehmens und ihres persönlichen Bedarfs bewältigen!

Diese Überlegungen spielen im übrigen auch eine wichtige Rolle bei der Frage der Absicherung der Unternehmenskontinuität. Eine Unternehmenskultur, die dieser Frage keine Aufmerksamkeit schenkt, hat ihren Namen nicht verdient. Wenn die Verfassung unseres Landes feststellt, daß Eigentum verpflichtet, so gilt das gewiß auch für die Wahrung der Unternehmenskontinuität, denn schließlich sind durch das Unternehmen nicht nur Leistungsbeiträge für die Gesellschaft zu erbringen, sondern es trägt auch zum Lebensunterhalt und zur Selbstverwirklichung seiner Mitarbeiter bei.

Wir alle müssen bei der Bewältigung eines neuen Unternehmenskonzepts dazulernen, und wir alle brauchen dazu Zeit.

Ich erwarte von dem unternehmerisch denkenden und empfindenden Menschen den Mut, Überkommenes in Frage zu stellen und neue, und das heißt in diesem Fall, menschengerechtere Lösungen zu entwickeln. Gerade Unternehmer sollten sich einer solchen Aufgabenstellung verpflichtet fühlen. Weder Wissenschaft noch Politik können die Federführung bei der Ausarbeitung einer neuen Unternehmenskultur übernehmen. Es ist der Unternehmer mit seinen Führungskräften, der dieser Problematik am nächsten ist. Wir suchen das Verständnis und die Kooperation aller anderen Entscheidungsträger, aber die Verantwortung zum Handeln haben wir Unternehmer.

# Die Rolle der Kommunikationsmedien in der Kulturpolitik eines geeinten Europas[1]

## 1. Impulse und Argumente zugunsten der europäischen Einigung

Ein Rückblick in die Geschichte des jetzt zu Ende gehenden Jahrhunderts mag am besten geeignet sein, den Prozeß der europäischen Einigung zu erläutern. Uns ist das Profil des Nationalstaates, wie es sich Anfang des 20. Jahrhunderts entwickelt hat, deutlich: Er war für die Menschen der Garant innerer Ordnung und äußerer Sicherheit. Diese Bedeutung und Gewichtung nationalstaatlichen Denkens wurde jedoch durch die dogmatischen Zielsetzungen des

1 Vortrag anläßlich der Tagung des katalanischen Verlegerverbandes »NIT DE L'EDICIO« in Barcelona am 12. Juni 1991, herausgegeben von der Bertelsmann Stiftung, 1991.

nationalsozialistischen Dritten Reiches und den daraus resultierenden Zweiten Weltkrieg in Frage gestellt. Die Betroffenheit ganz Europas durch diese katastrophale Entwicklung verdeutlichte die Notwendigkeit internationaler Verständigung und kooperativen Handelns.

Im gleichen Zeitabschnitt schuf die globale wirtschaftliche und wissenschaftliche Zusammenarbeit Abhängigkeiten, welche die Möglichkeiten nationalstaatlicher Autonomie relativierten. Die bedrohliche militärische Konfrontation der westlichen Welt mit dem Ostblock löste zugleich ein Sicherheitsbedürfnis aus, dem der Nationalstaat allein nicht mehr gerecht werden konnte.

Aus diesen Erfahrungen zogen schon bald nach Ende des Zweiten Weltkrieges weitsichtige europäische Staatsmänner strategische Konsequenzen. Ihrer Initiative verdanken wir die konzeptionellen Grundlagen des europäischen Einigungsprozesses.

Der Weg des Zusammenwachsens war konfliktreich, kompliziert und zeitaufwendig. Viele gescheiterte Versuche und enttäuschte Hoffnungen kennzeichnen das Bemühen um mehr Gemeinsamkeit. Diese zeitraubende Entwicklung ist jedoch verständlich, wenn wir bedenken, welch fundamentale Umstellungen im Denken und Verhalten den europäischen Völkern abverlangt wurden. Der Umstellungsprozeß betraf wesentliche Teile einer in Jahrhunderten gewachsenen Kultur. Entsprechend groß waren die Schwierigkeiten beim Auffinden von Gemeinsamkeiten und Kompromissen. Verläuft der Prozeß auch schwerfällig, so ist doch deutlich: Der eingeschlagene Weg ist der richtige. Es gibt keine Alternative zu einem gemeinsamen Europa und einer internationalen Kooperation. In unserer Zeit müssen die Völker der Welt lernen, in Frieden miteinander zu leben.

Das Wachsen einer größeren Bereitschaft zu mehr Gemeinsamkeiten in Europa wurde sukzessive von verschiedenen Impulsen begünstigt. Neben der erwähnten Initiative führender Staatsmänner wurden auch bald die Konsequenzen zunehmender Demokratisierung spürbar. Die Menschen sehnten sich nach einem besseren Lebensstandard, nach Frieden, Sicherheit und der Freiheit, ihr Leben selbst gestalten zu können. Der wachsende Einfluß der Medien bewirkte die Ausprägung gemeinsamer Überzeugungen über Landesgrenzen hinweg. Auch die persönliche Begegnung von Millionen von Menschen aller Nationen trug dazu bei. Diese Einflüsse blieben nicht ohne Auswirkung auf den Trend der Meinungsbildung. Sie schufen für viele Bereiche der Politik die Grundlagen für gemeinsames Handeln.

Die Bereitschaft, diesen Weg mutig weiterzuverfolgen, ist bei den Bürgern Europas und ihren Regierungen unterschiedlich entwickelt. Am überzeugendsten erscheint den Menschen nach einer erfolgreichen Reduzierung der militärischen Bedrohung die Aussicht, durch die Vollendung des gemeinsamen europäischen Marktes einen besseren Lebensstandard und größere persönliche Chancen der Selbstverwirklichung zu erreichen. Diese Auffassung wird auch weitestgehend von den verantwortlichen Entscheidungsträgern in Politik und Wirtschaft geteilt. Dabei wird allerdings häufig die enge Integration der einzelnen Volkswirtschaften in die jeweiligen gesellschaftlichen Rahmenbedingungen der einzelnen Länder übersehen. Über den daraus resultierenden Handlungsbedarf wird derzeit sehr kontrovers gestritten. Als Beispiel erwähne ich die Debatte um eine gemeinsame europäische Währung. Immerhin ist als Folge des öffentlichen Dialoges nicht mehr strittig, daß die gewollte wirtschaftliche Zusammenarbeit ohne die Harmonisierung der Währungspolitik, der Steuern und Subventionen nicht vorstellbar ist. Auch diese drei Politikbereiche sind ihrerseits wiederum vielfältig integriert in die gesellschaftlichen, sozialen und kulturellen Strukturen der einzelnen Länder.

Die Erkenntnis dieser Komplexität des Einigungsprozesses relativiert bei vielen Menschen die Begeisterung für ein vereintes Europa. So steht beispielsweise eine nach Frieden und Harmonie strebende Jugend plötzlich vor Sachproblemen, die Sprachlosigkeit oder sogar Resignation bewirken. Die Komplexität eines vergleichbaren Wandels erfährt die Bundesrepublik zur Zeit bei der Wiedervereinigung mit dem östlichen Teil Deutschlands. Hier wurde deutlich, daß selbst begeisternde Ziele verhängnisvolle Konsequenzen nach sich ziehen, wenn sie nicht zuvor realistisch geplant und dann sachgerecht umgesetzt werden. Vor exakt dieser Aufgabe steht Europa jetzt. Wir alle können und müssen sachgerechte Lösungsbeiträge hierfür leisten. Vor allem dürfen wir nicht ungeduldig werden und uns selbst unter einen unangemessenen Zeitdruck setzen. Denn die Einigung Europas wird sich als Jahrhundertaufgabe erweisen!

## 2. Strukturen eines vereinten Europas

Das Scheitern der staatlichen Planwirtschaft im Osten, die Evolutionsunfähigkeit staatlicher Bürokratie im Westen und die Entwicklung moderner Führungstechnik in der Wirtschaft sollten uns bei der Aufgabenstellung einer Neustrukturierung Europas zu denken geben. Insbesondere dürfen wir angesichts des Umfanges und der Komplexität der sich stellenden Aufgabe die führungstechnischen Prinzipien der Dezentralisierung und der Subsidiarität nicht außer acht lassen. Es geht derzeit nicht darum, das bisherige Verständnis des Nationalstaates auf ein geeintes Europa zu übertragen. Solche oft nur emotional abgeleiteten Bewertungen mögen sich, wenn auch nicht in gleicher Weise, nach langen Zeitabständen selbst für Europa ergeben. Im Augenblick aber muß es unser Anliegen sein, die Vorteile der Gemeinsamkeit rasch zur Wirkung zu bringen. Dabei sollten wir aber sehr sensibel vorgehen, um die bestehende Vielfalt regionaler Kulturen und ihre funktionalen Verantwortlichkeiten nicht unnötig zu zerstören. Eine Neustrukturierung der Kompetenzen sollte sogar dazu führen, regionale Kompetenzen durch eine Dezentralisierung zu stärken. – Die Pluralität nationaler und regionaler Kulturen war in Europa nicht nur ein charakteristisches Strukturelement, sondern zugleich auch eine entscheidende Voraussetzung seiner Evolutionsfähigkeit. Deshalb ist es wichtig, diese historische Erfahrung zugleich mit den neuen führungstechnischen Erfordernissen bei der Neuordnung unseres Kontinents angemessen zu berücksichtigen.

Ein Ordnungskonzept, das notwendige Gemeinsamkeiten und Unterschiedlichkeiten gewachsener Kulturen miteinander verbindet, könnte zugleich einen Zugewinn an wirksamer Demokratie bedeuten. Der Gefahr der Vereinheitlichung und der Zentralisierung sollten wir bewußt die Befähigung der demokratischen Ordnung zur gesellschaftlichen Evolution gegenüberstellen. Dies erfordert insbesondere mehr Bürgernähe und die Verwirklichung des Subsidiaritätsprinzips in Politik und Verwaltung. – Ich vermute, daß man sich über die Wahrnehmung und Ausgestaltung des Koordinationsbedarfs in solchen Bereichen, die unverzichtbare Koordination und Gemeinsamkeit fordern, nicht in gleicher Weise sorgen muß. Doch auch hier stehen dem Einigungsprozeß viele Hindernisse der Tradition und der Besitzstandswahrung im Weg. Insbesondere befürchte ich, daß sich überkommene Strukturen in Verwaltung und Politik als retardierende Elemente erweisen werden. Hier ist Geduld gefordert. Denn der gemeinsame Markt und die zu zentralisierenden Aufgaben in der europäischen Gemeinschaft stehen in einer wechselseitigen Beziehung und sind also voneinander abhängig. Diese Abhängigkeit wird nach einer angemessenen Zeit der Meinungsbildung und unter dem Einfluß demokratischer Impulse zu sachgerechten Lösungen führen.

## 3. Kulturpolitik in Europa

Wenn Regierungen Brücken zwischen ihren Völkern bauen wollen, nutzen sie am Anfang gern die Möglichkeiten der Kulturpolitik. Im kulturellen Bereich sind wir gewohnt, Unbekanntes und Ungewohntes zu respektieren. Relativ leicht kann Interesse geweckt werden, mehr über ein anderes Land zu erfahren. Kontinuierliche Bemühungen um eine kulturelle Zusammenarbeit führen nicht sofort, aber mittelfristig über das Verstehen zur Verständigung der Völker. In unserem Zeitalter demokratischer Ordnungen muß die Kulturpolitik bemüht sein, nicht nur die Meinungsbildner, sondern ein möglichst großes Wählerpotential zu erreichen. Die überkommenen Mittel der Kulturpolitik genügen diesem Anspruch nicht. Sie behalten ihre Bedeutung, sind aber zu ergänzen. Möglicherweise bietet unsere Zeit für diese Aufgabenstellung eine ganze Reihe neuer Möglichkeiten, die zudem keiner bewußten politischen Steuerung bedürfen.

Der moderne Tourismus hat durch millionenfache Begegnungen von Menschen Kenntnisse und Einstellungen vermittelt, die in dieser Intensität durch Maßnahmen der Kulturpolitik früher nie erreicht werden konnten. Die gewachsene Mobilität und Freizügigkeit der meisten Menschen in Europa werden immer mehr dazu genutzt, sich intensiv mit fremden Ländern und Kulturen auseinanderzusetzen. Die Programme der Massenmedien unterstützen diesen Trend, indem sie Informationen vermitteln und Interesse wecken. Mir scheint, es wäre des Nachdenkens wert, ob dieser große Verständigungsprozeß nicht durch begleitende Maßnahmen der Kulturpolitik wirkungsvoller gestaltet werden könnte, beispielsweise durch ein noch intensiveres Erlernen fremder Sprachen, deren Anwendungsmöglichkeiten den Menschen heute einleuchtender sind als je zuvor. Aber auch das Interesse an kulturellen Besonderheiten anderer Länder, von der Kunst über die Folklore bis zum Lebensstil, nimmt ständig zu. Es wäre sehr hilfreich, wenn die Offenheit für fremde

Kulturen sich in gleicher Weise auch auf dem Gebiet des Erfahrungsaustausches und der Kooperation im Bildungsbereich auswirken würde.

In diesem Zusammenhang müssen wir auch die kulturellen Prämissen und Konsequenzen wirtschaftlicher Zusammenarbeit bedenken. Wirtschaftsunternehmen werden reibungsloser und erfolgreicher in einem anderen Lande arbeiten, wenn sie die dortigen kulturellen Besonderheiten kennen und berücksichtigen. Die Motivation der Menschen ist in unserer Zeit zu einem wichtigen Erfolgsfaktor geworden. Ohne Verstehen und Akzeptanz der Andersartigkeit ist eine erfolgreiche wirtschaftliche Tätigkeit in einem anderen Kulturraum nicht vorstellbar. Ich meine, die Kulturpolitik sollte diesen zunehmend wichtiger werdenden Aspekt internationaler Kooperation als entscheidenden Faktor begreifen und nutzen.

Mit diesen wenigen Beispielen sei der Wandel in der Aufgabenstellung der Kulturpolitik angedeutet. Nach meiner Ansicht reicht es nicht aus, diesen von vielerlei Faktoren beeinflußten Prozeß unreflektiert laufen zu lassen. Die Begegnung von Menschen unterschiedlicher Kulturen ist mit vielen Problemen und Gefahren verbunden – wie uns die Geschichte bis auf den heutigen Tag demonstriert. Man kann diesen Annäherungsprozeß erleichtern durch bewußtes Herausstellen der Ziele und Regeln einer multikulturellen Gesellschaft. Dazu gehört die Akzeptanz der Menschenrechte ebenso wie der Respekt vor der Andersartigkeit fremder Kulturen. Auch eine rationale Analyse des Stellenwertes regionaler und staatlicher Zuständigkeit innerhalb eines vereinigten Europas ist dabei hilfreich.

Um in dieser Hinsicht Mißverständnissen vorzubeugen, möchte ich betonen, daß die genannten Harmonisierungsbereiche in ihrer Summe nicht zu einer einheitlichen europäischen Kultur führen sollten. Eine solche Zielsetzung ist im Interesse der Evolutionsfähigkeit des Kontinents gar nicht wünschenswert. Wir müssen uns aber um eine Synthese aus Harmonisierung und kultureller Eigenständigkeit bemühen, die ein friedliches Zusammenleben und eine wirkungsvolle Kooperation ermöglicht. – Die Regeln der europäischen Gemeinsamkeit dürfen dem Menschen nicht den Schutz und die Geborgenheit seiner heimatlichen Kultur nehmen. Der Mensch wäre ohne diese Hilfestellung überfordert, denn wir alle sind geprägt von den Einflüssen unserer heimatlichen Umwelt. Ihr verdanken wir unsere Überzeugungen und Gewohnheiten. Erfahrungen und Konsens auf dieser regionalen Ebene erleichtern uns die Orientierung und vermitteln uns unsere kulturelle Identität. Diese Funktionen sind weder überflüssig, noch können sie an die Europäische Gemeinschaft delegiert werden. Denn Vereinheitlichung ist keinesfalls Ziel europäischer Kulturpolitik!

Die Gestaltung der europäischen Kulturpolitik bedarf klarer Vorstellungen, Ziele und Institutionen, d.h. ausführender Organe. Dem Charakter der Aufgabe entsprechend, sollte die Instanz einer europäischen Kulturpolitik föderalistisch verfaßt sein. Den Rahmen könnte eine ständige Konferenz der Kultusminister bilden. Eine solche Instanz wäre geeignet, Empfehlungen zur Verbesserung der Kooperation und zur Abwehr separatistischer Einflüsse zu geben. Die Arbeitsweise dieser Instanz muß dem Subsidiaritätsprinzip entsprechen und so die Vielfalt regionaler und nationaler Kulturen erhalten. Der Rahmen kultureller Tätigkeiten innerhalb der europäischen Gemeinschaft muß durch eine europäische Verfassung abgesteckt werden, die auf der Grundlage der Römischen Verträge entwickelt sein sollte.

## 4. Die Rolle der Medien beim europäischen Einigungsprozeß

Ein Einigungsprozeß unter den oben dargelegten kulturellen Bedingungen ist schon in führungstechnischer Hinsicht eine außergewöhnliche Herausforderung. Der eigentliche Schwierigkeitsgrad der Aufgabenstellung ergibt sich aber aus der Notwendigkeit einer demokratischen Legitimation des Vorgehens. Die Regierungschefs können letztlich nur Entscheidungen befürworten, deren Akzeptanz durch die Bürger ihrer Länder zu erwarten ist. Die derzeitige, als nicht demokratiegerecht kritisierte Entscheidungspraxis wird sich nach Einführung einer europäischen Verfassung zu einer systemgerechteren Lösung entwickeln müssen. Es ist in der Geschichte von Demokratien nicht außergewöhnlich, daß die Bewältigung extremer Situationen einem Krisenmanagement übertragen wird. Trotzdem müssen wir für die weitere Entwicklung das demokratische Gebot einfordern, daß grundlegende Entscheidungen der politischen Führung von der Zustimmung der Mehrheit der Wähler getragen werden. Es wäre wünschenswert und hilfreich, wenn dieser Grundsatz auch schon jetzt beim Ausbau der Europäischen Gemeinschaft berücksichtigt würde. Akzeptiert auch die Politik diesen Grundsatz, fällt insbesondere den Medien die Aufgabe zu, einen Meinungsbildungsprozeß zu bewältigen, der nach Umfang und Bedeutung ohne historisches Vorbild ist. – Wie schwierig demokratisch verfaßte, multikulturelle Gesellschaften zu führen sind, hat die Welt bis auf den heutigen Tag immer wieder erfahren müssen. Auch die Geschichte Spaniens ist durch solche Problemstellungen berührt worden. Die virulenten regionalen Auseinandersetzungen oder die noch ungelösten Spannungen im Mittelmeerraum mögen hier als Beispiele genannt sein.

Fragen wir also nach Mitteln und Wegen, mit deren Hilfe der europäische Integrationsprozeß, getragen von der Zustimmung der Völker, gestaltet werden kann.

Voraussetzung jeder sachgerechten demokratischen Entscheidung ist ein hoher Informationsstand, ohne den eine breite Meinungsbildung nicht denkbar ist. Wo solche Bedingungen nicht gegeben sind, kann Demokratie nicht wirklich funktionieren. Diese Tatsache wird gerade in unserer Zeit durch die Entwicklungen in den Ländern der Dritten Welt deutlich belegt. – Jedoch der in Europa erreichte kulturelle Standard bietet glücklicherweise in den einzelnen Ländern die erforderlichen Voraussetzungen für einen demokratisch gesteuerten Wandel. Dieser Vorteil mindert aber kaum den Schwierigkeitsgrad des uns bevorstehenden kontinentalen Meinungsbildungsprozesses. Kulturen zu harmonisieren, war zu allen Zeiten eine schwierige Herausforderung. Auf Verständnis beruhende Zustimmung hat sich dabei als wirksameres Mittel erwiesen als autoritärer Zwang. Der Prozeß der europäischen Integration und die Ordnungen der Gemeinschaft müssen also durch die Zustimmung der Bürger Europas legitimiert werden. – Die Vertreter der Medien haben sich die Frage zu stellen, wie und mit welchen Mitteln ein solcher Konsens erreicht werden kann.

Zur Vermittlung des erforderlichen Wissensstandes sollten wir alle denkbaren Möglichkeiten nutzen. – Deshalb muß in unserem Bildungssystem der europäischen Integration mehr Aufmerksamkeit gewidmet werden. Die notwendigen Ergänzungen reichen von einer entsprechenden Ausweitung der Curricula über das Erlernen fremder Sprachen bis zum Austausch von Schülern und Lehrern. Wieviel in dieser Hinsicht bewirkt werden kann, zeigt das Beispiel Jerusalem. Bürgermeister Teddy Kollek hat einen interessanten Beitrag zur Lösung der Problematik einer multikulturellen Gesellschaft im Rahmen eines Jugenderziehungsprogramms erbracht. Jugendliche unterschiedlicher Kulturgruppen erlernen dort das Zusammenleben sowohl beim Schulunterricht als auch bei der persönlichen Begegnung in Spiel, Sport und Dialog. Besondere Aufmerksamkeit wird dabei den Grundlagen der Demokratie und der Menschenrechte gewidmet. Der Lernprozeß zielt nicht auf eine Nivellierung kultureller Unterschiede, sondern auf das Erlernen guter Nachbarschaft und Toleranz. Entsprechend betont das Erziehungsprogramm das Erlernen von Gemeinschafts- und Dialogfähigkeit.

Das Bildungswesen schafft die Voraussetzung für eine öffentliche Meinungsbildung. Die Meinungsbildung selbst ergibt sich aus dem Wettstreit der Meinungen und Zielsetzungen wichtiger gesellschaftlicher Gruppen, wie z.B. den politischen Parteien, den Kirchen, Verbänden und Gewerkschaften. Diese Organisationen vertreten die Vielfalt der Auffassungen in einer freien Gesellschaft. Im Streit der Meinungen und im Dialog bildet sich der demokratische Konsens einer Gesellschaft. – An diesem Dialog müssen auch die Medien teilnehmen. Es ist dabei nicht nur ihre Aufgabe, Informationen zu verbreiten, um das Mitdenken der Bevölkerung zu ermöglichen. Die Medien müssen zu dem Geschehen auch kritisch Stellung nehmen und es bewerten. Zustimmung mag dabei ebenso wichtig sein wie Kritik. Das Ergebnis eines solchen Meinungsbildungsprozesses findet dann in den verschiedenen Instanzen einer demokratisch verfaßten Gesellschaft seine Berücksichtigung insbesondere in der Ausgestaltung von Gesetzen und bei der Wahl der Exekutive. Die Einwirkung der Medien ist deshalb für die Funktionsfähigkeit einer Demokratie unverzichtbar.

Zum Glück sind in dieser Hinsicht in Europa wirksame Bedingungen auf nationaler Basis gegeben. Im Hinblick auf gesamteuropäische Belange ist die Informationsleistung der Medien allerdings noch lange nicht befriedigend. Das Entstehen europaweit wirkender Medien wird durch Sprachbarrieren und vorwiegend national ausgerichtete Werbemärkte sehr erschwert. Die ersten europäischen Initiativen sowohl bei den elektronischen Medien als auch bei den Printmedien sind gut gemeint, aber weit weniger erfolgversprechend. Es ist wahrscheinlich, daß auf absehbare Zeit die demokratische Meinungsbildung in Europa sich der vorhandenen nationalen Instrumente bedienen muß. Zur Zeit sind die Bürger Europas noch keineswegs ausreichend darüber informiert, was sie von der europäischen Gemeinschaft zu erwarten haben. Sie erhoffen einen besseren Lebensstandard und erleben mehr

Freizügigkeit. Daß die anstehenden Änderungen auch Umstellungen mit sich bringen und die Einschränkung nationaler Kompetenzen erfordern, ist den Menschen noch keinesfalls deutlich. Hier sollten sich nach meiner Auffassung die für die Programme der Medien verantwortlichen Verleger und Intendanten aufgerufen fühlen, einen Beitrag zum Meinungsbildungsprozeß zu erbringen. – Dazu bedarf es vor allem der notwendigen Sachkenntnis der Medienschaffenden. Denn wie sollen sich Redakteure von überlieferten Denkschemata lösen und für ein Gesamteuropa eintreten, wenn sie zu dem Thema in Theorie und Praxis keine ausreichende Einstellung erarbeiten konnten? Ein solcher Lernprozeß in der Welt der Medien bedarf der klaren Zielsetzung und Organisation sowie der Ausbildung und Erfahrung in anderen Ländern. Auch neue Formen der Kooperation gehören dazu. Ich denke hier an Abkommen unter Zeitungsverlagen bei ihrer redaktionellen Zusammenarbeit und im Bereich des Fernsehens an eine internationalere Besetzung von Gremien und Programmen wie beispielsweise Diskussionsrunden und Talkshows.

In Ergänzung zu diesen Anmerkungen möchte ich noch auf politische Gefahren hinweisen, die in einer unsachgemäßen Begleitung des Einigungsprozesses durch die Medien liegen. Was demagogische Polemik in der Nationalitätenfrage anrichten kann, demonstrieren uns täglich die Weltnachrichten. Die Versuchung, mit einer derart gestalteten und präsentierten Argumentation Aufmerksamkeit zu erzielen, ist wohl für Politiker und Redakteure in gleicher Weise gegeben. Nach allem, was wir aber in dieser Hinsicht in der Geschichte Europas erleben mußten, sollten wir als Vertreter der Medien unsere Verantwortung klar erkennen. Der Erfolg des Konzepts einer europäischen Gemeinschaft hängt nicht zuletzt von einer qualifizierten, nach vorn orientierten Begleitung durch die Medien ab.

## 5. Bedingungen einer europäischen Gesellschaft

Es ist ein Nachteil, daß es für ein einheitliches Europa kein wirklich vergleichbares Vorbild in der Geschichte gibt. In Teilbereichen mag für uns die Verfassung der Vereinigten Staaten von Amerika lehrreich sein. Doch ist zu bedenken, daß bei der Gründung der Vereinigten Staaten die Problematik unterschiedlicher Kulturen bei weitem nicht in vergleichbarer Weise gegeben war. So stehen wir vor der Aufgabe, eigenständig die Grundlagen für das Zusammenleben der europäischen Völker selbst zu entwickeln. Diese Fundamente müssen einerseits dem Selbstverständnis der Menschen mit ihren unterschiedlichen Kulturen gerecht werden und andererseits zu den erhofften Ergebnissen gemeinsamen Handelns führen. Angesichts dieser anspruchsvollen Aufgabenstellung scheinen mir folgende Thesen nachdenkens- und diskussionswürdig:

- Der europäische Einigungsprozeß wird die kulturellen Grundlagen der Nationen berühren. Nach allen historischen Erfahrungen braucht die Wandlung von Überzeugungen und Gewohnheiten Zeit. Zeit wird auch zum Entwerfen und Erproben der neuen Lösungen benötigt. In diesem Fall darf deshalb politische Führungsstärke nicht gleichgesetzt werden mit Schnelligkeit.

Auch in der Politik kann auf Dauer pragmatisches Handeln in Teilbereichen den demokratischen Konsens über Verfassung und Führung in Europa nicht ersetzen. – Hier scheint mir die Wächterrolle der Medien gefordert zu sein!

- Im Rahmen des Einigungsprozesses sollte deshalb nur das für die Gemeinschaft Unverzichtbare vereinheitlicht werden. Die Vielfalt der Bestrebungen als Element der Evolution muß ebenso gewährleistet bleiben wie das Prinzip der Subsidiarität. – Es sollte nicht in Brüssel bearbeitet werden, was in Barcelona besser entschieden werden kann.
- Die Neuordnung Europas kann nicht mit einem neuen Identitätsverständnis von 340 Millionen Menschen beginnen. Im Verhältnis zu den vorhandenen real und emotional erlebten Beziehungen von Heimatstadt, Region und Land präsentiert sich Europa noch als eine vage Hoffnung. Dieser Tatbestand muß im Interesse der Bürger verstanden und akzeptiert werden. – Die Menschen erfahren in ihrer Kultur Hilfestellung und Geborgenheit. Es gibt keinen hinreichenden Grund, diese in Jahrhunderten gewachsenen Beziehungen in einem gemeinsamen Europa in Frage zu stellen. Keine Instanz ist besser geeignet hierfür Aufklärungsarbeit zu leisten, als die in die nationalen Kulturen integrierten Medien.
- Die europäische Verfassung, die noch entworfen werden muß, sollte das Fundament unserer Gemeinschaft sein. Sie hat sich zu gründen auf dem uns gemeinsam eigenen Menschenbild des Abendlandes. – In dieser Verfassung sind die Regeln für eine geordnete Vielfalt

nationaler und regionaler Kulturen zu definieren. Sie bedarf einer demokratischen Legitimierung durch alle Völker der Gemeinschaft.

- Das Zusammenleben in einer Gemeinschaft ist ein mühsamer Lernprozeß. Das Bildungswesen und die Medien tragen dabei besondere Verantwortung. – Gemeinschaftsfähigkeit gründet sich auf die Anerkennung der Menschenrechte und den Respekt vor der Andersartigkeit fremder Kulturen. Toleranz und gute Nachbarschaft sind erlernbar. Sie bedingen keine kulturelle Nivellierung.
- Bei der Größe und Komplexität der Aufgabe einer Neuordnung Europas muß das führungstechnische und organisatorische Konzept der Delegation der Verantwortung Anwendung finden. Dieses fordern sowohl Gründe der Effizienz als auch der besseren demokratischen Steuerung und somit der Evolutionsfähigkeit unserer Gesellschaften. – In den Bereichen von Politik und staatlicher Verwaltung ist die Befähigung zur Evolution noch unzureichend entwickelt. Für die konstruktive und kritische Begleitung dieser herausfordernden Aufgabenstellung können die Medien einen richtungweisenden Beitrag leisten.

## 6. Schlußbetrachtung

Entscheidend für das Gelingen des europäischen Einigungswerkes ist die Wahl der richtigen Ziele und Arbeitsgrundsätze. Die vorstehenden Ausführungen haben dies verdeutlicht. Nur menschengerechte und dem heutigen

Selbstverständnis der Menschen entsprechende Ordnungen haben Aussicht auf Bestand und Erfolg.

In unserer Zeit der globalen vernetzten Berichterstattung erlebt die Menschheit an zahlreichen Beispielen, welche Ordnungssysteme scheitern und welche sich als weiterführend erweisen. Wir haben erfahren, daß dogmatisch und hierarchisch fundierte Ordnungen mit ihrem Mangel an Freiheit und Leistungsfähigkeit den Erwartungen der Menschen nicht gerecht werden können. Im Umkehrschluß betont diese Erkenntnis die Bedeutung und Notwendigkeit menschen- und sachgerechter Lösungen in allen Bereichen der Gesellschaft. Ohne die Zustimmung und Identifizierung der Menschen mit ihren politischen und wirtschaftlichen Ordnungen kann es keinen Fortschritt geben. Die heutige Komplexität wirtschaftlichen Handelns und der durch internationalen Wettbewerb ausgelöste Zwang zur Evolution verlangen ein Mehr an Identifikation und Motivation. Diese Zielsetzung gilt auch für das Europa unserer Zukunft. Die Menschen Europas wollen eine humane, gerechte und freiheitliche Ordnung. Die Menschen suchen nach Chancen zur Selbstverwirklichung, und sie sind bereit, Verantwortung zu übernehmen. Es scheint an der Zeit, neben der Verpflichtung zur Solidarität in unserer Gesellschaft verstärkt über die Bedeutung von Selbstverwirklichung und Kreativität zu sprechen.

In einer Demokratie haben viele Menschen die Möglichkeit, sich im Sinne der Gesellschaft zu engagieren und Einfluß zu nehmen. So sollte sich jeder aufgerufen fühlen, an seinem Platz und nach seinen Möglichkeiten einen Beitrag zum europäischen Einigungswerk zu leisten. Vor uns liegt eine Zeit großer Herausforderungen und ungewöhnlicher Möglichkeiten. Diese Entwicklung zum Guten zu führen, ist unser aller Aufgabe. Ganz besonders möchte ich zum Schluß noch einmal an die Vertreter der Medien appellieren. Ihre Möglichkeit dazu ist so groß wie ihre Macht und ihre Verantwortung!

# 1946–1991: Ein Abschnitt der Verlagsgeschichte des Hauses Bertelsmann[1]

Verehrte Gäste, meine Damen und Herren,
mir ist heute morgen viel Anerkennung zuteil geworden. Den Rednern danke ich für dieses Lob. Gestatten Sie mir aber bitte, darauf hinzuweisen, daß der Erfolg unseres Unternehmens nach dem Kriege ein Ergebnis gemeinsamer und partnerschaftlicher Arbeit war. Alle Führungskräfte und Mitarbeiter haben dazu beigetragen. Mit diesem Hinweis nehme ich gern Ihre Wertung entgegen.

Am heutigen Tage möchte ich Ihnen einige Gedanken vortragen, die den Abschnitt der Verlagsgeschichte des Hauses Bertelsmann in den Jahren meiner beruflichen Tätigkeit von 1946–1991 betreffen.

1 Ansprache von Reinhard Mohn anläßlich des Festaktes zu seinem 70. Geburtstag in der Stadthalle Gütersloh am 1. Juli 1991, herausgegeben von der Bertelsmann Stiftung, 1991.

Vor einigen Jahren gab mir die Vorbereitung für die Feier des 150. Jahrestages der Gründung des Verlages Carl Bertelsmann Anlaß, über die Ziele und die Haltung meiner Vorfahren nachzudenken. Diese Bilanz war für mich erstaunlich: In fünf Generationen herrschte weitgehende Übereinstimmung über das verlegerische Berufsbild. Wenn man zeitgebundene Einflüsse abstrahiert, wird deutlich, daß Selbstverständnis und Zielsetzung sowie verlegerisches Engagement für Menschlichkeit und Gemeinschaft einen nahezu unverändert prägenden Einfluß hatten. Die Verlagsprogramme belegen dies mit der angebotenen Literatur für Bildung, religiöse Orientierung und Unterhaltung. Der persönliche Einsatz meiner Vorfahren im Rahmen gesellschaftlicher Aufgaben fand innerhalb des Unternehmens seine Entsprechung im Bereich menschlicher und sozialer Regelungen. – Mir scheint, daß diese wohl aus Tradition und Veranlagung resultierende Kontinuität erheblichen Einfluß auf die Überlebensfähigkeit und den Erfolg des Hauses Bertelsmann gehabt hat. – Wie gesagt: über fünf Generationen hinweg!

## Beginn meiner beruflichen Laufbahn

Die Jahre zu Beginn meiner beruflichen Tätigkeit waren vom Untergang eines totalitären Systems, der Verwüstung der Heimat und auch der völligen Zerstörung unseres Verlagshauses geprägt. Meinen vor langer Zeit gefaßten Beschluß, Ingenieur zu werden, gab ich auf, als mir vor den Trümmern unserer Firma ein alter Mitarbeiter sagte: »Reinhard, du wirst hier gebraucht!« – Ich habe diesen Entschluß nie bereut. Eine Chance zur Bewährung hatte ich mir vor allem in meinem Beruf gewünscht. Ich habe sie in reichem Maße erhalten.

Die Zerstörung unserer Städte war in Wirklichkeit nur sichtbarer Ausdruck des Scheiterns einer menschenverachtenden Ideologie. Der dogmatischen Überhöhung des Nationalstaates und der Gemeinschaftsverpflichtung entsprach auf der anderen Seite die skrupellose Unterdrükkung von Menschenrechten und individuellem Lebensanspruch. Wir alle standen damals vor der Herausforderung, unserem Leben eine neue Orientierung zu geben. Mir persönlich hat dabei die Phase des Nachdenkens während meiner Kriegsgefangenschaft in den USA sehr geholfen. Enttäuscht und ernüchtert durch die Geschehnisse der Vergangenheit, war ich nicht mehr bereit, gängige Ordnungssysteme und Dogmen zu übernehmen. In eigenständigem Bemühen wollte ich für mein Leben eine Synthese aus beruflicher Bewährung und gemeinschaftsorientierter Zielsetzung entwickeln. Meine Lebensleistung sollte sich weniger in mir fragwürdig gewordenen Maßstäben wie Größe und Beifall ausdrücken als vielmehr in dem Bewußtsein, das mir Mögliche im Rahmen meiner beruflichen und gesellschaftsorientierten Arbeit zugunsten meiner Mitmenschen getan zu haben. – Diese Zielsetzung bildete später das geistige Fundament für die Entwicklung des »Bertelsmann-Modells«. Sie entsprach zugleich der traditionellen Haltung des Hauses Bertelsmann, was mir damals allerdings in dieser Deutlichkeit noch nicht bewußt war.

Der Wiederaufbau des Verlages vollzog sich unter außergewöhnlichen Bedingungen. Unser wichtigstes »Kapital« waren die berufliche Erfahrung einer kleinen Schar von Mitarbeitern und ihre Treue zum Unternehmen. Der Aufbau verlangte Mut zu unkonventionellen Wegen und Lösungen und härtesten Einsatz unter erbärmlichen Lebensbedingungen. Er fand unter den ganz ungewöhnlichen Rahmenbedingungen eines völligen Neuanfangs unserer Branche statt. Alte Marktstrukturen waren obsolet geworden, und frühere Marktpositionen waren verlorengegangen. – Neue Programme, Arbeitskonzepte und Vertriebswege mußten entwickelt werden. Es war eine ideale Zeit für kreative und unternehmerische Menschen! – Das Haus Bertelsmann hat in dieser Zeit seine Chance genutzt. Der entscheidende Durchbruch ergab sich für uns mit dem Beschluß, im direkten Kontakt mit dem Kunden aktiv für das Lesen zu werben. Bei der dadurch ausgelösten Expansion erkannten wir schnell die Bedeutung moderner Führungstechnik. Wir nutzten die gedanklichen Anstöße, die ich in dieser Hinsicht damals aus den USA bekam, und verknüpften sie sukzessive mit unseren Auffassungen von Gerechtigkeit, sozialer Verantwortung und Menschlichkeit.

Die Entwicklung des Unternehmens verlief keineswegs langfristig geplant und theoriegesteuert, sondern beeinflußt durch die Zwänge der täglichen Arbeit. So lernten wir mit Hilfe moderner Führungstechnik, die Verantwortung zu delegieren und zu koordinieren. Wir haben erfahren, welche Bedeutung eine qualifizierte Personalarbeit im Führungsbereich für solch einen Wandel der inneren Strukturen hat. Unsere »Investitionen« in Menschen waren die wichtigsten und erfolgreichsten. Als unerläßlich erwies sich dabei auch das Vorhandensein eines tief gegliederten Planungs- und Berichtswesens. – Bis wir allerdings diese Arbeitsstrukturen etablieren konnten, waren wir darauf angewiesen, mit kreativer Sensibilität, Urteilsvermögen und viel Mut täglich weitreichende Entscheidungen zu treffen. In jenen Jahren sind wir aus heutiger Sicht unglaubliche Risiken eingegangen. Oft genug gab es Sorgen existentieller Art, wie sie unser Unternehmen heute nicht mehr kennt. Sicher haben wir damals auch Fehler gemacht, aber die Bilanz unserer Entscheidungen war eindeutig positiv. Das Unternehmen wuchs stürmisch – und stellte mit seinem Wachstum ständig neue Anforderungen an Führung und Mitarbeiter. Gerade dieser Entwicklungsphase verdankten wir den Zwang, das Zielverständnis des Hauses, seine Führungsgrundsätze und Strukturen aufgabengerecht zu gestalten. Obwohl wir dazu wenig theoretisches Rüstzeug mitbrachten, kamen wir doch zu wirtschaftlichen und menschlichen Konzeptionen, die sich später und bis auf den heutigen Tag als weiterführend erwiesen. Ich möchte unser partnerschaftliches Unternehmenskonzept nun anhand von fünf zentralen, charakteristischen Merkmalen verdeutlichen.

## Konsequenzen aus einem neuen Unternehmensverständnis

### 1. Die Bedeutung der Führung für den unternehmerischen Erfolg

Unter allen Faktoren, die auf den Erfolg eines Unternehmens Einfluß nehmen, sehen wir in der Führung die wichtigste Komponente. Dabei haben wir sowohl die personelle als auch die führungstechnische Seite dieser Aufgabe im Blick. – Die Arbeitsbedingungen für unsere Führungskräfte haben wir unternehmerisch ausgestaltet. Durch entsprechende Bemühungen und personelle Investitionen wurde eine breit gefächerte Führungspyramide errichtet. Das unternehmerische Aufgabenverständnis dieser Führungskräfte sichert sowohl die Evolutionsbefähigung als auch die Führungskontinuität des Unternehmens. – Nur Leistung berechtigt in unserem Hause zur Führung. Diesem Grundsatz unterliegen auch meine Kinder, sofern sie eine Laufbahn in der Bertelsmann AG einschlagen wollen.

## 2. Die Unternehmensverfassung ist Ausdruck unseres Zielverständnisses

Wir haben den Leistungsbeitrag des Unternehmens für die Gesellschaft zum übergeordneten Ziel erklärt, dem sich die legitimen Interessen von Kapital, Führung und Arbeit unterzuordnen haben. Das Streben des Unternehmens nach Effizienz muß koordiniert werden mit den Zielen eines humanen Gemeinwesens, das zur weiteren Evolution befähigt ist.

Entsprechend dem neuen Selbstverständnis der Menschen in unserer Zeit und den gestiegenen Leistungsanforderungen muß die innere Ordnung eines Unternehmens so gestaltet werden, daß eine Identifizierung aller Beteiligten mit dem Zielverständnis und dem gelebten Geist des Hauses möglich ist. Deshalb müssen die Regeln human und gerecht sein und ein Höchstmaß an Selbstverwirklichung des einzelnen in seiner beruflichen Arbeit gestatten. Die dazu erforderlichen Bausteine einer partnerschaftlichen Unternehmenskultur haben wir in kooperativer Weise entwickelt. Es war dabei hilfreich, daß auch die Interessen des Kapitals unternehmerisch eingebunden werden konnten. – Die verbindliche Kodifizierung dieser Grundsätze haben wir in unserer Unternehmensverfassung niedergelegt.

### 3. Die Gewährleistung einer ausreichenden Finanzierung

Eine solide Finanzierung des schnell wachsenden Unternehmens konnte durch zwei Dinge erreicht werden: erstens durch eine zurückhaltende Dividendenpolitik und zweitens durch die Anlage des aus der Gewinnbeteiligung der Mitarbeiter resultierenden Genußkapitals im Unternehmen. Mit diesem Konzept wird es auch in der Zukunft möglich sein, ein bemerkenswertes Wachstum zu finanzieren und zugleich – bei nachgewiesener Befähigung – die Führung des Unternehmens durch einen meiner Söhne als Möglichkeit offenzuhalten. – Die für ein publizistisches Unternehmen wenig überzeugende Kapitalstruktur der Publikumsgesellschaft konnten wir vermeiden. Außer der bewährten Partnerschaft mit Herrn Dr. Bucerius werden keine weiteren Gesellschafter am Aktienkapital der Bertelsmann AG beteiligt. Es kann folglich in unserem Haus auch keine Änderung unseres Zielverständnisses von publizistischer Vielfalt und Unabhängigkeit durch einen Wechsel der Kapitalmehrheit in der Hauptversammlung geben.

## 4. Die Bedeutung von Mitsprache und Konsens

Die gewünschte Einsatzbereitschaft und die Kreativität aller Beteiligten im Unternehmen bedürfen der auf Verstehen und Zustimmung gegründeten Motivation. Ein lebendiger Informationsaustausch auf allen Ebenen ist dazu unerläßlich. Die sich daraus entwickelnde Meinungsbildung und die Chancen zur Mitsprache dienen zugleich der Unternehmensentwicklung und der von uns angestrebten Selbstverwirklichung des einzelnen an seinem Arbeitsplatz. Deshalb halten wir Konsens für eine unverzichtbare Bedingung für Erfolg in unserer Zeit. Die aus dem vorigen Jahrhundert übernommene Konfliktstrategie der Tarifpartner verkennt sowohl das neue Selbstverständnis der Menschen als auch die heutige komplexe Aufgabenstellung, die sich aufgrund der Herausforderungen durch den internationalen Leistungs- und Systemwettbewerb zwangsläufig ergibt.

## 5. Unser Beitrag zur gesellschaftlichen Evolution

Eine demokratisch verfaßte Gesellschaft kann sich bei der Bewältigung ihrer Aufgaben nicht nur auf die politischen Organe und staatlichen Institutionen stützen. Sie ist auf das öffentliche und gesellschaftsbezogene Engagement ihrer Bürger mehr und mehr angewiesen. Das Haus Bertelsmann erbringt mit seinen volkswirtschaftlichen und kulturellen Leistungsbeiträgen, mit der Entwicklung seiner inneren Verfassung und der Ausgestaltung der gemeinnützigen Bertelsmann Stiftung konkrete Beiträge im

Sinne einer demokratischen Verpflichtung. Getreu dem Grundsatz unserer deutschen Verfassung, wonach Eigentum verpflichtet, stellt die Bertelsmann AG ca. zwei Drittel ihrer Dividende der Stiftung zur Verfügung. Dieser finanzielle Beitrag erhält verstärkte Bedeutung durch die gleichzeitige Einbringung des in der Bertelsmann AG vorhandenen Sachverstands.

Diese Beispiele mögen zur Charakterisierung unseres Unternehmensverständnisses genügen. Im einzelnen haben wir Regeln und Ausführungsbestimmungen hierzu ausgearbeitet. Die Durchsetzung solcher Grundsätze, die in unserer Bundesrepublik keinesfalls die Regel, sondern eher die Ausnahme darstellen, bedeutet einen permanenten Lern- und Kontrollprozeß. Wir haben die dazu notwendigen Instrumente entwickelt. – Nicht zuletzt aus der Erfahrung der vergangenen Jahrzehnte ist uns deutlich, daß entsprechend dem Wandel der Zeit auch unsere Unternehmensverfassung fortgeschrieben und angepaßt werden muß. Im Sinne ihrer Zielsetzung hoffe ich, daß diese Fortschreibung auch in der Zukunft vom Konsens der Vertreter von Kapital, Führung und Arbeit geprägt sein wird.

## Persönliche Erfahrungen und Wertungen

Ich will den Tag heute nutzen, um eine persönliche Wertung meines Berufslebens vorzunehmen. – Ich möchte dabei weniger auf Zahlen und Ergebnisse der Geschäftsberichterstattung eingehen. Die dort ablesbaren Erfolge beruhen sowohl auf unternehmerischen Leistungen – und zwar nicht nur meiner – als auch auf ungewöhnlichen

Zeitumständen. Nach den Erfahrungen der Vergangenheit erscheint es mir notwendig, den Gradmesser »Erfolg« zu relativieren durch den Hinweis, daß Größe nur Wert und Bestand hat, wenn sie von der Zustimmung der Menschen legitimiert wird. Aber gerade bei einer solchen Definition des Erfolges darf ich mir die Bemerkung erlauben, daß das Haus Bertelsmann über viele Jahrzehnte hinweg eine erfreuliche Akzeptanz durch seine Geschäftspartner, Mitarbeiter und Führungskräfte erfahren hat. Auf diesem Hintergrund ist das in Zahlen sichtbare Unternehmensergebnis ein Grund zu Befriedigung, Stolz und Dankbarkeit.

Wichtiger ist mir aber, in dieser Stunde darauf hinzuweisen, daß hinter allen wirtschaftlichen Erfolgen ein von vielen Menschen mitgetragenes, partnerschaftliches Unternehmenskonzept stand. – Dieses gab die entscheidenden Wachstumsimpulse! Mein Menschenbild, das sich in diesem Konzept widerspiegelt, ist beeinflußt worden sowohl durch mein Elternhaus als auch durch das Gemeinschaftserleben in einer untergegangenen Zeitepoche. Das zwangsläufige Scheitern alter Leitbilder und die Notwendigkeit, sich selbst eine neue Orientierung zu geben, haben meine Zielvorstellungen wesentlich geprägt. Beim Wiederaufbau der Firma in der zerstörten Heimat nahm ich mir vor, meine Lebensarbeit auf meine Mitmenschen auszurichten und meine Selbstverwirklichung in der Erfüllung dieser Aufgabe zu suchen. Rückschauend kann ich die damals so hoffnungslos anmutende Ausgangsbasis als einen außergewöhnlichen Glücksfall bewerten. Ich bin dankbar, durch diese Zeitumstände eine große Chance erhalten zu haben. Und ich empfinde es heute als ein großes Glück, am Ende meines Berufslebens die Bestätigung erleben zu dürfen, daß sich mein damaliges Zielverständnis auf ein richtiges und zeitgemäßes Menschenbild gegründet und sich als stabiles Fundament für meine Firmenpolitik erwiesen hat.

Neben dieser grundsätzlichen Bewertung meines Berufslebens will ich noch auf einige konkrete Ergebnisse hinweisen, die mir wesentlich erscheinen.

- Am wichtigsten ist mir dabei der erbrachte Nachweis, daß in unserer Zeit Effizienz und Humanität nicht im Widerspruch zueinander stehen, sondern einander bedingen.
- Von vergleichbarem Rang sind die Erkenntnis und die Erfahrung, daß unsere Mitarbeiter ein großes unerschlossenes Leistungspotential besitzen. Wenn wir Ziele setzen und Arbeitsbedingungen schaffen, die eine Identifizierung des einzelnen mit dem Unternehmen ermöglichen, können wir diese vielfach noch ungenutzte Reserve freisetzen.
- Die beste Führungstechnik besteht darin, daß sie unternehmerische Arbeitsbedingungen für alle Verantwortungsträger in einem dezentral verfaßten Unternehmen schafft. Die wesentlichen Elemente hierfür sind Gestaltungsfreiheit, Toleranz gegenüber Fehlern und die Beteiligung an Gewinn und Kapital des jeweiligen Verantwortungsbereiches.
- Die Sicherung der Unternehmenskontinuität muß den Rang eines elementaren Unternehmenszieles erhalten. – Die Ausgestaltung unserer personellen Führungskonzeption und die von uns entwickelte Finanzierungslösung entsprechen dieser Forderung.

- Es ist uns gelungen, die Einwirkung und Steuerungsfunktion des Kapitals auf die Führung wieder unternehmerisch zu gestalten. – Das Kapital ist schon lange nicht mehr die maßgebliche Komponente in der Wirtschaft. Deshalb ist es an der Zeit, daß das Kapital aus seiner Abhängigkeit von den Faktoren »Führung und Arbeit« Konsequenzen zieht. Auch für das Kapital gilt die Erfahrung: Erfolg durch Partnerschaft! – Die Kapitalbeteiligung der Mitarbeiter und ihre Gewinnerwartung haben sich in unserem Unternehmen als eine optimale Sicherung gerade auch der Aktionärsdividende erwiesen.
- Von strategischer Bedeutung waren unsere frühzeitigen Schritte ins Ausland. Die dabei gewonnenen fachlichen Erfahrungen und die gerade für ein Medienunternehmen unverzichtbaren Erkenntnisse durch die Begegnung mit anderen Kulturen haben uns für die heutige Zeit globaler Märkte einen wertvollen Vorsprung vor vielen europäischen Mitbewerbern verschafft.

Soweit die Beschreibung der wichtigsten Erfolgselemente. Es ist mir deutlich, daß diese Regelungen weder der Tradition noch einer Konvention entsprechen. Aber der Erfolg spricht für sie. Sie stellten bislang das Fundament dar, auf dem unser Unternehmen ein stetiges Wachstum und einen bemerkenswerten Erfolg aufbauen und sichern konnte. Selbst die derzeit international zu beobachtenden Führungsprobleme großer Unternehmen haben unser Haus bisher kaum berührt. Bis auf den heutigen Tag eröffnen sich der Führung unseres Unternehmens – bei einem guten Leistungsniveau der bestehenden Geschäfte – ständig neue Investitionsmöglichkeiten. Mir scheint, daß sich in diesen Ergebnissen die Systematik eines partnerschaftlich verfaßten – das heißt menschlich und unternehmerisch orientierten – Medienunternehmens bewährt. Dies führt mich zu der zentralen Frage:

## Hat das partnerschaftliche Unternehmensmodell eine exemplarische Bedeutung?

Wir wissen aus eigenem Erleben, daß sich Ordnungskonzepte den Aufgabenstellungen und dem Selbstverständnis der Menschen anpassen müssen. Bei unseren Bemühungen, das erfolgreiche Bertelsmann-Modell auf unsere Firmen im Ausland zu übertragen, haben wir dies deutlich erfahren. Aber wir haben auch gelernt, daß eine Adaption zumindest in wesentlichen Teilen möglich ist.

Skeptischer müßte ich die Frage beantworten, ob und wieweit unser Unternehmenskonzept auch auf andere Bereiche und Branchen der Wirtschaft übertragbar ist. Einem solchen Versuch stehen, wie wir wissen, hohe Hindernisse im Weg, die vor allem im menschlichen Bereich liegen. Das heute vorherrschende Denken und Handeln in Kategorien von Besitzstandswahrung und Interessenabsicherung erschweren sowohl die gesellschaftliche als auch die führungstechnische Evolution in unserer Wirtschaft. Wir alle sollten in diesem Zusammenhang erkennen, daß unser Erfolg und unsere Zufriedenheit mit dem System der sozialen Marktwirtschaft weitgehend vergangenheitsorientiert sind. Was gestern richtig und ausreichend war, muß aber für die Gestaltung der Zukunft noch lange nicht zeitgemäß und hinreichend sein.

So stellt sich mir die Frage, ob das Streben nach Humanität und Selbstverwirklichung in der Welt der Arbeit nicht Vorrang vor der Forderung nach Solidarität haben sollte. Auch meine ich, daß eine neue Positionierung der Rolle des Kapitals in der sozialen Marktwirtschaft überfällig ist.

Besonders hinderlich für eine zukunftsgerechte Evolution erweist sich auch unser heutiges Verständnis von Selbstverwirklichung. Eine egoistisch ausgerichtete Fehlinterpretation erschwert sehr oft den Prozeß einer partnerschaftlichen Meinungsbildung, an dessen Ende Formen einer vertrauensvollen Kooperation in der Wirtschaft stehen, die ohne ein Ja zur Akzeptanz des Mitmenschen und zu persönlichen Verpflichtungen gegenüber der Gemeinschaft nicht denkbar sind.

Bei einer solchen Sichtweise liegt mir natürlich die Frage besonders am Herzen: Wird es dem Hause Bertelsmann selbst gelingen, das erarbeitete Unternehmensverständnis den Erfordernissen der Zukunft anzupassen und weiterzuentwickeln? Denn es steckt durchaus Wahrheit in dem Sprichwort: »Was du ererbt von deinen Vätern hast, erwirb es, um es zu besitzen!« – Ich bin in dieser Hinsicht zwar zuversichtlich, aber ich sehe auch die Gefahren, die in der originären Wesensart des Menschen begründet liegen. Um diesem Risiko vorzubeugen, haben wir das getan, was uns möglich und sinnvoll erschien, um durch Definitionen und Statuten den Fortbestand und die Weiterentwicklung unseres Partnerschaftsmodells zu sichern. Allerdings haben wir gleichzeitig in allen Regelungen zum Ausdruck gebracht, daß eine sinngemäße Fortschreibung notwendig und gewollt ist.

Wieweit Überzeugungen und menschliche Haltung ein Unternehmen über lange Zeiträume bewahren können, durfte ich aus der Geschichte des Hauses Bertelsmann lernen. Ich wünsche deshalb dem Unternehmen und allen seinen Mitarbeitern, daß diese Erkenntnisse stets wachgehalten werden. Möge das Unternehmen – insbesondere in schwierigen Zeiten – sich immer daran erinnern, daß das Engagement und die Initiative des einzelnen die entscheidenden Fundamente des Erfolges sind. Wenn es gelingt, diese Prinzipien lebendig und aufrechtzuerhalten, und wenn es gelingt, daß insbesondere die Führung unseres Hauses den Mut und die Größe aufbringt, sich in ihrer Arbeit an den Grundsätzen von Menschlichkeit und Gerechtigkeit zu orientieren, dann wird unser Unternehmen den richtigen Weg in die Zukunft finden.

## Eine persönliche Abschlußbilanz

Nachdem ich einige charakteristische Erfahrungen aus meiner Lebensarbeit nachgezeichnet habe, gestatten Sie mir bitte noch eine mehr persönlich gefärbte Abschlußbilanz:

Vor allen anderen Eindrücken bewegt mich in dieser Stunde das Gefühl großer Dankbarkeit. Es war mir vergönnt, mein Leben nach den Grundsätzen zu gestalten, die ich mir am Anfang meiner beruflichen Laufbahn als persönliche Orientierung gesetzt hatte. Daß sich diese Ziele als realisierbar und erfolgreich erwiesen haben, hat mich in hohem Maße befriedigt. Ich habe eine unternehmerische Chance gesucht – und eine außergewöhnliche Herausforderung gefunden. Ich hatte mir gewünscht, die Grenzen meiner Kraft an einer lohnenden Aufgabe zu messen und zu erfahren. Rückblickend erkenne ich, daß ich eine derartige Herausforderung während meiner gesamten 45jährigen Berufstätigkeit erfahren habe. Es war eine gute Zeit des Gestaltens und der Bewährung. Mehr kann sich ein unternehmerisch veranlagter und gesellschaftlich engagierter Mensch kaum wünschen. Ich bin dankbar, daß ich diese Optionen geboten bekam und einlösen konnte.

Zugleich denke ich bei diesem Rückblick an meine Weggefährten unter den Mitarbeitern und Führungskräften. Sie haben mein Anliegen verstanden, sich damit identifiziert und so ein Unternehmen aufgebaut, das nicht nur erfolgreich war, sondern dessen innere Ordnung sich für die Zukunft als wegweisend bewähren wird. – Das Zusammenleben in unserer betrieblichen Gemeinschaft mußte erprobt, geordnet und ausgeübt werden. Fast alle relevanten Regelungen haben wir im gemeinsamen Dialog entwickelt. Ich freue mich darüber, daß heute zwischen uns ein hohes Maß an gegenseitigem Verstehen und Vertrauen herrscht. Dieses menschliche Fundament gab uns die Kraft, mit vielen schwierigen Problemen fertig zu werden und auch bei unvermeidlichen Niederlagen Zuversicht und Motivation zu bewahren. Diese Erfahrung vertrauensvoller Zusammenarbeit steht mir vor Augen, wenn ich die Ablösung der alten klassenkampforientierten Konfrontationsstrategie durch eine neue Kultur der Kooperation auf der Basis von Vertrauen, Gerechtigkeit und Menschlichkeit fordere. – Unsere Führungskräfte und die Vertreter des Kapitals übernehmen mit der beispielhaft aufgebauten betrieblichen Gemeinschaft und unserer partnerschaftlich verfaßten Ordnung ein wertvolles und zugleich verpflichtendes Erbe!

## Ein Blick in die Zukunft und Dank

Der Zukunft des Unternehmens sehe ich mit Zuversicht entgegen. Die offenen Märkte der Welt und die Chancen des Wandels werden Bertelsmann weiterhin außergewöhnliche Entwicklungsmöglichkeiten bieten. Die Struktur des Unternehmens ist sachgerecht geordnet. Das Haus Bertelsmann besitzt ein großes Potential an unternehmerischen Führungskräften und an engagierten und auf Kooperation und Erfolg bedachten Mitarbeitern. Es kennzeichnet unser Denken, daß das Unternehmen gegenwärtig daran arbeitet, die Voraussetzungen für eine noch bessere Selbstverwirklichung aller Beteiligten in ihrer beruflichen Arbeit zu entwickeln.

All das gibt mir Mut, und ich hoffe, Sie spüren und teilen meine Zuversicht in dieser Stunde. Es geht weiter bei Bertelsmann!

Und nun, am Schluß meiner Betrachtungen, das vielleicht Wichtigste: ein herzliches Dankeschön! Dank für Ihren Einsatz, Ihr Vertrauen und Ihre Bereitschaft, diesen außergewöhnlichen Weg mit mir zu gehen. – Besonders möchte ich auch den Menschen meines engeren Umkreises danken für ihr Verständnis und ihre Hilfsbereitschaft. Ihr Einsatz ging weit über das normale Maß der Pflichterfüllung hinaus. Zu diesem Kreis gehören vor allem Mark Wössner, meine Frau, meine Sekretärin Christiane Kummer und mein Sohn Johannes.

Mein Ausscheiden aus dem Unternehmen erfolgt nach Regeln, die ich vor Jahrzehnten selbst festgelegt habe. Aber ich gehe noch nicht in den Ruhestand, denn – wie Sie wissen – in manchem Ende liegt ja auch ein neuer Anfang. Ich freue mich nun auf meine Arbeit in der Bertelsmann Stiftung. Diese gemeinnützige Stiftung ist – wie Ihnen bekannt – aus meinem Verständnis unternehmerischer Gemeinschaftsverpflichtung entstanden. Wir haben bereits in den vergangenen Jahren erfahren, daß man aus einer derartigen Position viel für unsere Gesellschaft tun kann. So werde ich durch meine Tätigkeit in der Stiftung auch Ihnen und den Zielen des Unternehmens verbunden bleiben. – Dem Unternehmen und allen seinen Mitarbeitern gelten meine guten Wünsche. Selten hat eine Zeit so vielen Menschen so vielfältige und großartige Aufgaben geboten. Nutzen Sie Ihre Chancen – und bleiben Sie auf Kurs!

# Sozialpolitik in Europa[1]

Der durch die Römischen Verträge eingeleitete europäische Einigungsprozeß macht deutliche Fortschritte. Trotz vielerlei Hindernisse und eines hohen Zeitbedarfs wird er weiterhin getragen von der Zustimmung einer überwältigenden Mehrheit der Menschen in Europa. Die Richtigkeit des eingeschlagenen Weges wird bestätigt durch die zahlreichen Anträge anderer Staaten, in diese Gemeinschaft integriert zu werden. So wie am Anfang das Bemühen um mehr Sicherheit die Völker vereinte, so ist es heute zunehmend die Erwartung eines höheren Lebensstandards. In dieser Hinsicht ist die Entwicklung charakterisiert durch das Entstehen des gemeinsamen Marktes. –

1 Vortrag von Reinhard Mohn anläßlich einer Ring-Vorlesung an der Universität-Gesamthochschule Paderborn am 6. Mai 1992, herausgegeben von der Bertelsmann Stiftung, 1992.

Wir registrieren aber auch den zunehmenden Abbau von Grenzen in der Europäischen Gemeinschaft und durch den Zwang zur Abstimmung zunehmend auch eine Reduzierung nationaler Torheiten. Die Politik ist dabei, sich Instrumente der Verständigung aufzubauen, die geeignet sind, politische Differenzen frühzeitig und leichter zu beheben. In vielen Politikbereichen ist bereits eine wünschenswerte Angleichung gelungen. Es ist aber auch festzustellen, daß die Harmonisierungsfortschritte in den einzelnen Politikbereichen sehr unterschiedlich sind. So besteht noch kein Konsens darüber, welche Bereiche in welchem Umfang angeglichen werden sollten. Immer deutlicher wird in vielen Abstimmungsprozessen, daß die Grundlage eines geeinten Europas das Konzept des Europas der Vaterländer war. Von einer Angleichung der Kulturen war nie die Rede. Dieses Ziel darf auch im Interesse des Erhalts der Vielfalt, und damit des Systemwettbewerbs, nicht angestrebt werden. Gleichzeitig ist in dieser Hinsicht zu bedenken, daß Kultur für die Menschen als Lebenshilfe unverzichtbar ist. Sie kennen die Kultur ihrer Region oder ihres Landes. Eine europäische Kultur ist für sie nicht vorstellbar. Eher ist zu erwarten, daß in der Zukunft die von den Menschen tagtäglich erlebte Kultur ihres Umfeldes, insbesondere also die Kultur der Regionen, von größerer Bedeutung sein wird.

Es ist bedauerlich, daß dem Gedanken der Vereinheitlichung und der Gemeinsamkeit in Europa noch kein ausgewogenes Konzept der Dezentralisierung von Verantwortlichkeiten gegenübersteht. Angesichts dieses konzeptionellen Defizits muß den oft geäußerten Forderungen auf schnellere Integrationsfortschritte deutlich entgegengehalten werden, daß diese Prozesse sich sachgerecht entwickeln und sich damit nur in größeren Zeiträumen abspielen dürfen. Der Hinweis auf die Notwendigkeiten der Dezentralisierung und Differenzierung gilt insbesondere auch für die ebenso wichtige wie schwierige Angleichung der Sozialsysteme in Europa. In dieser Hinsicht bitte ich, die nachstehenden Ausführungen als Denkanstöße und als einen Beitrag zu dem notwendigen Dialog der europäischen Völker zu verstehen.

## Sozialpolitik als integrativer Bestandteil einer Gesellschaftsordnung

Gerade in unserer Zeit wird uns drastisch demonstriert, welche Bedeutung wirtschaftliche und politische Ordnungssysteme haben. Wir mußten erfahren, daß Systeme, die dem Kriterium der Menschengerechtigkeit nicht entsprachen, gescheitert sind. Wir haben andererseits gelernt, daß alle Ordnungssysteme entsprechend dem sich ändernden Selbstverständnis der Menschen und den wechselnden Lebensbedingungen der Fortschreibung bedürfen. Diese Aussage gilt für das politische Ordnungssystem der Demokratie ebenso wie für die in unserem Lande bewährte soziale Marktwirtschaft. Es ist ein Charakteristikum unserer Zeit, daß wir unter früher nie gekannten Evolutionszwängen leben müssen. Das Ausruhen auf bewährten Ordnungen der Vergangenheit verspricht für die Zukunft weder Erfolg noch Kontinuität.

In diesem Sinne werden im Rahmen des europäischen Einigungsprozesses auch die Zuständigkeiten der Nationalstaaten im Verhältnis zu einer europäischen Zentralgewalt neu geordnet werden müssen. In einigen Politikbereichen erscheint mehr gemeinschaftliches Vorgehen unabweisbar und einleuchtend, z. B. in den Bereichen der Verteidigung, der Wirtschaft und des Verkehrs. In vielen anderen Zuständigkeitsbereichen der Politik besteht aber noch keineswegs Klarheit über die Verteilung der Kompetenzen. Es wäre nach allen führungstechnischen Erfahrungen verheerend, wenn wir der Maxime folgen würden, möglichst viele Aufgabenbereiche zentral durch die Europäische Gemeinschaft ordnen lassen zu wollen. Die moderne Führungstechnik hat längst erkannt, daß zentralistisch strukturierte Großorganisationen weder effizient noch evolutionsfähig sind. Staunend erfahren wir in unserer Zeit, wie die marktführenden internationalen Großunternehmen, z. B. in den Bereichen Automobilbau und Datenverarbeitung, mit den Wettbewerbsanforderungen nicht Schritt halten können und ihre Marktposition verlieren. Der gleiche Prozeß spielt sich, weniger deutlich erkennbar, in der staatlichen Verwaltung ab. Das aus früheren Zeiten übernommene Leistungskriterium der Ordnungsmäßigkeit müßte längst ergänzt werden durch die Forderungen nach Effizienz und Evolutionsfähigkeit. In diesen Bereichen verhindert nur der Mangel an Wettbewerb den Untergang der antiquierten Verwaltungsstrukturen. Für die Europäische Gemeinschaft kann mit Sicherheit vorausgesagt werden, daß der Versuch einer zentralistischen Führung sowohl die Kapazitäten der verantwortlichen Stellen in Straßburg und Brüssel überfordern als andererseits auch die unverzichtbare Evolution im Bereich politischer Zuständigkeiten verhindern würde.

Neben diesem führungstechnischen Aspekt ist aber darauf hinzuweisen, daß aufgrund unterschiedlicher historischer, kultureller, politischer und wirtschaftlicher Bedingungen eine Vereinheitlichung der nationalen Ordnungssysteme weder wünschenswert noch realisierbar ist. Die politischen Diskussionen nach dem Gipfeltreffen in Maastricht beweisen, daß wir jetzt auf dem Weg zur Gemeinschaft an dem Punkt angekommen sind, an dem deutlich die Strukturen Europas im Hinblick auf Zentralisierung und Dezentralisierung definiert werden müssen.

Diese Forderung gilt insbesondere auch für die Strukturierung der sozialen Ordnungen in Europa bzw. für die europäische Sozialpolitik. Die Aufspaltung Europas in Nationalstaaten hat im Verlauf der Geschichte zu sehr unterschiedlichen Ausprägungen der Kultur und auch der Sozialpolitik geführt. Das Menschenbild, das beispielsweise in der Bundesrepublik Deutschland Grundlage der Sozialgesetzgebung ist, ist keineswegs identisch mit dem unserer anderen europäischen Partner. – Diese Situation hat die EG-Kommission in Brüssel sehr wohl verstanden. Nach anfänglichen Harmonisierungsversuchen hält sie sich jetzt in dieser Hinsicht zurück und begegnet entsprechenden Forderungen mit großer Reserve.

Rückblickend war es sicher richtig, die Annäherung der Nationen erst einmal in den Politikbereichen zu versuchen, bei denen gemeinschaftliches Handeln einsichtig war und in absehbarer Zeit Erfolge versprach. Ich verweise hier noch einmal auf die Bereiche Wirtschaft und Verteidigung. Bei dem heute zu beobachtenden Bemühen anderer Länder, einen Anschluß an die Europäische Gemeinschaft zu erreichen, finden wir diese Argumente wiederum an erster Stelle. Bei den Politikbereichen, die jedoch maßgebend durch die Kultur eines Landes geprägt sind, können durch mehr Gemeinsamkeit oder Angleichung keineswegs erstrebenswerte Wirkungen für die Menschen erwartet werden. Dies gilt selbstverständlich insbesondere für die Kulturpolitik, aber, wie Europa zwischenzeitlich gelernt hat, auch für die Sozialpolitik. Ein Beispiel, das diese Zusammenhänge besonders einleuchtend demonstriert, ist der Versuch der Durchsetzung einer europäischen Sozialcharta. Diese mit viel Idealismus erarbeitete Grundsatzordnung hat praktisch in den vergangenen Jahrzehnten zu nichts geführt. Bei dem Versuch ihrer Realisierung wurde immer wieder erkennbar, daß aufgrund eines unterschiedlichen Menschenbildes und anderer kultureller Traditionen auch die sozialen Anforderungen in den europäischen Staaten sehr differenziert beurteilt wurden. Selbst unstrittig bewährte Regelungen eines Landes waren praktisch nicht auf andere Länder zu übertragen. Die Initiatoren dieses Versuchs der Schaffung einer europäischen Sozialpolitik mußten noch einmal lernen, daß es sich bei der Europäischen Gemeinschaft um ein Europa der Vaterländer handelt. Die Bemühungen um die Harmonisierung der Sozialpolitik sind auf den erbitterten Widerstand der unterschiedlichen Gruppen der Gesellschaft in den Nationalstaaten gestoßen. Diese Entwicklung ist meines Erachtens nicht zu bedauern, sie ist vielmehr absolut folgerichtig. Aus der Geschichte Europas sollte uns doch deutlich sein, daß die Vereinheitlichung einen großen Verlust an gesellschaftlicher und kultureller Vielfalt und damit an Evolutionsfähigkeit bedeuten würde. Die europäische Geschichte zeichnet sich durch geistige und kulturelle Vielfalt aus. Träger der unterschiedlichen Entwicklungen waren die Regionen und Nationalstaaten. Es besteht auch heute in bezug auf die Strukturentwicklung in Europa keinerlei Anlaß, auf das System der Vielfalt zu verzichten. Deutlicher formuliert heißt das: Der europäische Einigungsprozeß würde scheitern, wenn wir eine Angleichung der Kulturen versuchten. Dieses Experiment ist im Bereich des Sozialismus versucht worden und mit sehr folgerichtigen Konsequenzen gescheitert. Ich folgere daraus für meine Ableitungen zur europäischen Sozialpolitik:

- Die Europäische Gemeinschaft muß ein »Europa der Vaterländer« bleiben und sich um den Erhalt der Vielfalt der Kulturen bemühen.
- Bei der Ausgestaltung einer gemeinsamen europäischen Politik müssen kulturell geprägte Bereiche im Interesse der Menschlichkeit und der Evolutionsfähigkeit nach den Grundsätzen der Dezentralisierung und der Subsidiarität gestaltet werden.
- Die begrenzte Anpassungs- und Lernfähigkeit der Menschen erfordert bei der Ausbildung neuer wirtschaftlicher und politischer Strukturen einen hohen Zeitbedarf. Geduld ist hier eher am Platz als politische Energie.

Hinsichtlich der Entwicklung einer europäischen Sozialpolitik sind diese Erkenntnisse keineswegs gedankliches Allgemeingut. Die erhebliche Diskrepanz im Dialog über die einzuschlagende Richtung in bezug auf den sozialen Fortschritt darf deshalb nicht verwundern. Während man auf der einen Seite anstrebt, möglichst schnell gleiche Bedingungen für alle Arbeitnehmer herbeizuführen, wird auf der anderen Seite aus gutem Grund darauf hingewiesen, daß sowohl die wirtschaftlichen als auch die kulturellen Prämissen einer sozialen Angleichung in Europa in gar keiner Weise gegeben sind. So ist im Interesse einer sach- und menschengerechten Entwicklung ein Zögern auf diesem Gebiet nicht zu verurteilen. Deutlicher ist zu formulieren: Die notwendigen Prämissen für eine weitgehende Harmonisierung sozialer Regelungen sind weder jetzt gegeben noch können sie in absehbarer Zukunft erwartet werden. So darf es auch nicht verwundern, wenn in Deutschland bewährte Regelungen, wie z.B. das Betriebsverfassungsgesetz, im Ausland abgelehnt werden. Fortschritte im Bereich der sozialen Strukturen müssen auf den Erfahrungen und dem Einsichtsvermögen der Menschen in den unterschiedlichen Ländern beruhen. Sofern solche Erkenntnisse noch nicht vorhanden sind, wird jede zentralistische Regelung des sozialen Fortschritts in Europa scheitern.

Diese Auffassung begründe ich nicht zuletzt aus meiner persönlichen Kenntnis des unterschiedlichen Menschenbildes und des sehr differenzierten Zielverständnisses der Wirtschaft in den europäischen Ländern. Aus führungstechnischer Erfahrung und menschlicher Überzeugung habe ich mich auch in unseren Auslandsfirmen immer wieder bemüht, Regelungen, die sich in der Bundesrepublik menschlich und ökonomisch bewährt haben, zu übertragen. Dies gilt zum Beispiel für den institutionellen Dialog zwischen Geschäftsleitung und Mitarbeitern als auch für viele andere soziale Regelungen und das wichtige Feld der materiellen Gerechtigkeit. Es ist mir bei diesem Bemühen immer deutlicher geworden, welchen kaum zu überwindenden Einfluß andere kulturelle Leitbilder und insbesondere ein anderes Menschenbild darstellen. – Am Rande sei in diesem Zusammenhang auch die Frage aufgeworfen, ob die in den Römischen Verträgen in Aussicht genommene Angleichung des Lebensstandards in Europa überhaupt eine realistische Zielsetzung ist. Ich selbst bezweifle die Umsetzbarkeit dieser Politik. Ich halte sie sogar im Interesse der betroffenen Menschen für falsch. Das Selbstverständnis der Menschen in den verschiedenen Ländern und die Ausprägung ihrer Kulturen zielen keineswegs in erster Linie auf gleichartige materielle Lebensbedingungen hin. In vielen Ländern hat die geistige Orientierung oder auch ein größerer persönlicher Freiraum einen deutlich höheren Stellenwert als zum Beispiel der Lebensstandard in der Bundesrepublik. Es ist mir deutlich, daß bei den vorbereitenden Verhandlungen zu den Römischen Verträgen die Forderung nach Angleichung des Lebensstandards mit den dazugehörigen Transferzahlungen ein sehr hilfreiches politisches Argument war. Aus den Erfahrungen mit solchen Transferzahlungen sowohl in der Bundesrepublik Deutschland als auch in Europa sollten wir aber ableiten, daß diesen Harmonisierungsbestrebungen besser keine Priorität einzuräumen ist. Für die Menschen befriedigender und für sie viel wichtiger wird es sein, ihnen eine Chance zur Selbstverwirklichung im Rahmen ihrer gewachsenen kulturellen Vorstellungen zu verschaffen. Eine solche Zielsetzung erscheint mir realistischer und menschengerechter als die von der EG praktizierte Transfer-Politik.

## Sozialpolitischer Handlungsspielraum in der Europäischen Gemeinschaft

Meine zuvor gemachten einschränkenden Bemerkungen zur europäischen Sozialpolitik bitte ich aber nun nicht dahingehend zu interpretieren, daß auf diesem Feld keinerlei Handlungsbedarf besteht. Im Gegenteil: Die menschengerechte Strukturierung der Gesellschaft und insbesondere der Wirtschaft halte ich für ein vorrangiges politisches Ziel und eine Prämisse weiterer wirtschaftlicher Erfolge. Es gibt deshalb gute Gründe, darüber nachzudenken, wie die Strukturen der Sozialpolitik in einem vereinten Europa zu gestalten sind. Diese Aufforderung richtet sich sowohl an die Politiker der Nationalstaaten und der EG als auch insbesondere an die Tarifpartner in den verschiedenen Ländern. Vorherrschend erscheint mir im Augenblick noch bei den Tarifpartnern die Tendenz, den durch nationale Grenzen abgesteckten Raum mit seinen gewachsenen sozialen Regelungen zu verteidigen und zu bewahren. Darüber hinaus ist es mir unverständlich, wie wenig Interesse aufgebracht wird, aus der sozialpolitischen Erfahrung anderer Länder zu lernen. Dieses würde auch den Tarifpartnern in der Bundesrepublik gut anstehen! Es ist nämlich ganz gewiß nicht damit getan, Regelungen, die unseren Bedingungen entsprechen und die sich bewährt haben, als Optimum zu betrachten. Wir alle können in Europa voneinander lernen und sollten bemüht sein, durch systematische Analyse und Auswertung dieses auch zu tun. In dieser Hinsicht kommt auf die Tarifpartner ein großer Lernprozeß zu, der zugleich auch die Chance beinhaltet, im gemeinsamen Dialog an der

Weiterentwicklung der Sozialpolitik mitzuarbeiten. Dabei ist die Akzeptanz der Differenziertheit ein realistischerer Grundsatz als der Versuch der Angleichung.

Schon in den letzten Jahren wurde auf internationaler Ebene immer deutlicher, daß gesellschaftliche und soziale Regelungen einen erheblichen Einfluß auf die Leistungsfähigkeit einer Volkswirtschaft und ihrer Industrie haben. In dem sich anbahnenden Markt ohne Grenzen werden die nationalen Regelungssysteme als wichtige Erfolgskomponenten der Gesellschaft und Wirtschaft unter den Druck des Wettbewerbs gestellt. – Ich vermute, daß die in unserer Zeit zitierte Gefahr eines großen Migrationsstromes in Europa sich in der Praxis als ein handhabbares Problem erweisen wird. Die theoretisch damit verbundene Gefahr eines Sozialdumpings kann man, wie wir erfahren haben, abwenden. Andererseits müssen wir erkennen, daß die menschengerechte Strukturierung unserer Gesellschaft und insbesondere eine entsprechende Ausgestaltung der nationalen Sozialpolitik entscheidend sein wird für die Evolutions- und Leistungsfähigkeit unserer Wirtschaft. Im Interesse der Erfolgssicherung und des Zukunftserfolges müssen wir deshalb im Rahmen unseres nationalen Kulturraums an der Fortschreibung der Sozialpolitik interessiert sein.

Die Schaffung menschengerechter Strukturen in der Wirtschaft betrifft aber nicht nur die Sozialpolitik, sondern insbesondere auch die menschengerechte Gestaltung der Arbeitsbedingungen. Diese Forderung richtet sich in erster Linie an das Zielverständnis in der Wirtschaft und an die Führungstechnik. Neue Produktionsbedingungen haben auch in der Bundesrepublik deutlich gemacht, daß hierarchische Strukturen in den Unternehmen den Anforderungen des Wettbewerbs und des Evolutionszwanges nicht mehr gewachsen sind. Mehr und mehr wird verstanden, daß eine unverzichtbare Prämisse für Leistung und Fortschritt in der Identifikation der in der Wirtschaft tätigen Menschen mit ihrer Aufgabe besteht. Diese Überzeugung wird bestätigt durch die unterschiedliche Impulskraft der Volkswirtschaften in den USA, Japan und Europa. So wie wir in bezug auf die Ausgestaltung der Unternehmenskultur einen Wettbewerb globalen Ausmaßes beobachten, müssen wir damit rechnen, daß sich diese Erfolgsfaktoren auch in Europa und in der Bundesrepublik ausprägen werden. Die richtige Gestaltung der Unternehmenskultur muß infolgedessen als eine Herausforderung und Chance der Sozialpolitik verstanden werden. Dies geht insbesondere die Tarifpartner an, die sich in ihrem Dialog auf überlieferte Positionen zurückgezogen haben. Wir werden in den kommenden Jahrzehnten erfahren, daß der europäische wie der internationale Wettbewerb die Überprüfung überkommener Ziele und Verhaltensweisen der Tarifpartner unabdingbar macht. Ich sehe in dieser Hinsicht zwar erste Bemühungen – die aber überwiegend von privater Initiative getragen sind. Insgesamt wage ich nicht zu behaupten, daß in Europa die Tarifparteien die Dimension des anstehenden Umstellungsprozesses schon erfaßt haben. So sehr ich alle Bestrebungen begrüße, Kontakte und Dialoge unter den Organisationen der europäischen Tarifpartner zu etablieren, so sehr bezweifle ich die Möglichkeit, auf diese Weise auf der Basis früherer Gewohnheiten zu dem sozialpolitischen Konzept zu kommen, das die Wirtschaft in Europa für die Zukunft braucht. Die Notwendigkeit demokratischer Meinungsbildung in den Organisationen der europäischen Tarifpartner macht die Unbeweglichkeit und Beharrungstendenz verständlich. Sicherlich kann in diesem jetzt entstehenden internationalen Dialog auch manch Nützliches gelernt werden. Der Systemvergleich der Praxis der Tarifpartner kann ohne Frage zu einem hilfreichen Lernprozeß führen. Ich fürchte aber, daß die daraus entstehenden Wirkungen in Relation zu der uns bevorstehenden Herausforderung als unzureichend bewertet werden müssen.

Bei der weit verbreiteten Beharrungstendenz sowie der zu beobachtenden Neigung zur Verteidigung der Besitzstände der Tarifpartner besteht für die Europäische Gemeinschaft die Gefahr, den Zeitpunkt für die Anregung einer weiterführenden Konzeption in der europäischen Sozialpolitik zu versäumen. Wenn meine Vermutung zutrifft, daß weder die Europäische Gemeinschaft noch die Tarifpartner und Politiker der Länder in der Lage sein werden, eine Evolution in der Sozialpolitik auszulösen, stellt sich die Frage, wer in dieser Hinsicht einspringen kann. Mir scheint, daß sich hier die Vielfalt der Initiativen innerhalb der europäischen Kulturen im Sinne eines sozialpolitischen Systemwettbewerbs bewähren muß. Erste Anfänge einer solchen Entwicklung können schon heute festgestellt werden. So wird wohl kaum noch ein Land in Europa Sozialpolitik betreiben, ohne die Rückwirkung der entsprechenden Maßnahmen auf die wirtschaftliche Leistungsfähigkeit abzuwägen. Auch ist bereits das Entstehen eines Systemwettbewerbs in bezug auf soziale Regelungen unter den europäischen Ländern festzustellen. Dieser Wettbewerb reicht von der Sozialgesetzgebung über die Steuerpolitik bis zur Praxis der Tarifpartner. Die international operierende Wirtschaft hat längst gelernt, die Auswirkung nationaler Rahmendaten zu berücksichtigen. Die Debatte um den Standortvorteil bei Investitionen und die daraus resultierenden Konsequenzen zeigen, daß die nationalen Einflußfaktoren unter den Druck des internationalen Systemwettbewerbs geraten. Diese Entwicklung wird von vielen Seiten bedauert und bekämpft. Selbst die europäischen Staaten versuchen immer wieder, den Systemwettbewerb durch gesetzliche Maßnahmen abzuschwächen. Ich bin aber davon überzeugt, daß diese Verteidigungsstrategie auf Dauer nicht zum Erfolg führen wird. – Dazu kommt, daß der Freiraum nationaler Zuständigkeit im Rahmen der Entwicklung der Europäischen Gemeinschaft zunehmend begrenzt wird. Dies gilt zum Beispiel für die Finanzpolitik und die Schaffung einer gemeinsamen Währung in Europa. Die Aufgaben der Sozialpolitik verlangen nicht in erster Linie die Verteidigung des Status quo, sondern eine menschen- und sachgerechte Vorwärtsstrategie!

Auch wenn die derzeit verfolgte Strategie einer sozialpolitischen Ordnung in Europa nicht sehr überzeugend ist, sollten wir daraus nicht ableiten, daß wir vor einer unlösbaren Aufgabe stehen. Eine sozialpolitische Fortschreibung kommt einer kulturellen Entwicklung gleich. Solche Prozesse brauchen naturgemäß Zeit für Erprobung und Gewöhnung. Hilfreich für die Evolution ist dabei der Zwang zum Handeln, und mir scheint, daß wir diesen Zwang in der Zukunft in Europa immer deutlicher verspüren werden. Wenn die überkommenen und zuständigen Strukturen keinen Ausweg aus der Situation aufzeigen, sollten wir überlegen, wer in unserer Zeit die Chance hat und zugleich interessiert ist, eine solche Initiative zu ergreifen. Dabei denke ich an die Möglichkeiten verschiedener Gruppen, zur Lösung des Problems beizutragen. Ich erwähne beispielsweise die Bereiche der Politik, der Wirtschaft und der Wissenschaft. Die Aufgabenstellung wird nicht nur Sachkenntnis verlangen, sondern vor allen Dingen auch die Befähigung zur kreativen Gestaltung. Ich bin überzeugt, daß in dieser Hinsicht zuerst die auf Erfolg bedachten Unternehmer begreifen werden, daß eine menschlich gestaltete Arbeitswelt eine unverzichtbare Prämisse für den Erfolg ihres Unternehmens geworden ist. Wir brauchen angesichts des Schwierigkeitsgrades der in unserer Zeit der Wirtschaft gestellten Aufgaben den Konsens, die Identifikation und die Kreativkraft von allen in der Wirtschaft tätigen Menschen. Bedingungen in den Unternehmen zu schaffen, die diesen Forderungen entsprechen, liegt sehr wohl in der Hand der Unternehmer und der Manager. Es ist nämlich nicht so, daß vorhandene gesetzliche Regelungen solche Initiativen verbieten. Der Freiraum für die Ausgestaltung humaner und sozialer Bedingungen in der Wirtschaft ist vorhanden! Die menschlichen und wirtschaftlichen Schwierigkeiten, in dieser Richtung voranzukommen, will ich nicht unterschätzen. Ich habe sie selbst erfahren. Das Einsichtsvermögen vieler Betroffener scheint mir durch falsche Vorstellungen in bezug auf ihre eigene Interessenlage getrübt zu sein. Aber gerade die Unternehmer werden schon bald unter den sozialpolitischen Druck geraten, der neue Lösungen unverzichtbar macht. Der Erfolgszwang und der wirtschaftliche Wettbewerb in Europa und der Welt werden auch im sozialpolitischen Bereich zu Systemfortschreibungen führen. Wer in der Lage ist, die Erfolgsstory von Firmen und Landern in unserer Zeit zu analysieren und zu interpretieren, kann auf die Einbeziehung der sozialpolitischen Komponente nicht verzichten.

Zum Vergleich und zur Bewertung meiner Auffassung in bezug auf die notwendige Fortschreibung sozialer Strukturen verweise ich auf den Weg, den die deutsche Wirtschaft nach dem Zweiten Weltkrieg gegangen ist. Die Freiheit, die den Unternehmungen nach 1948 eingeräumt wurde, löste Lernprozesse aus und regte zu unternehmerischen Lösungen an. Dies betraf keineswegs nur wirtschaftliche und finanzielle Prozesse. Mit Kreativität wurden in den Betrieben auch Lösungen entwickelt, die geeignet waren, Identität mit der beruflichen Aufgabe zu schaffen und zugleich sozialen Frieden zu gewährleisten. – Diese Kreativität bei Unternehmern, Politikern, Wissenschaftlern und Tarifpartnern ist in unserer Zeit gefragt. Die anstehenden Aufgaben werden nicht durch Vereinheitlichung und Perfektionierung bewältigt, sondern durch die Gewährleistung von Gestaltungsfreiraum im Bereich der Sozialpolitik. Die Unternehmer haben in dieser Hinsicht auch unter den heute gegebenen Bedingungen schon eine gute Chance. Es ist aber unverzichtbar, daß wir vorhandene Regelungen überprüfen und durch neue ersetzen. Nicht zuletzt gilt das auch für die Fortschreibung des Zielverständnisses aller an der Wirtschaft Beteiligten! Während ich auf der einen Seite in bezug auf die europäische Sozialpolitik auf die Befähigung der Menschen setze, mit Hilfe ihrer Kreativität den Zwängen zu begegnen und neue Lösungen zu finden, so sehe ich auf der anderen Seite auch Möglichkeiten der Europäischen Gemeinschaft, diesen Prozeß gedanklich zu begleiten und zu erleichtern. Diese Hoffnung basiert auf der Erkenntnis, daß die Initiative der Länder, der Wirtschaft und der Unternehmungen entscheidend sein wird für die Fortschreibung. Der EG ist es möglich, dafür zu sorgen, daß die heute vorhandenen und sich entwickelnden Strukturen erkennbar und bewertbar sind. Der Lernprozeß in Europa kann auf diese Weise beschleunigt werden. Betroffen von diesem Lernprozeß sind viele Gruppen, insbesondere natürlich die Unternehmer, die Tarifpartner und die Politiker. Das Bewußtmachen des sozialpolitischen Prozesses ist die Basis für Vergleich, Bewertung und Anregung. Hier kann die EG eine wichtige Hilfestellung übernehmen.

Zugleich wird es eine Aufgabenstellung für die EG sein, Friktionen abzubauen, die sich aus dem gemeinsamen Markt und der Freizügigkeit aller Menschen in Europa ergeben. Diese Aufgabe ist schon in den vergangenen Jahren gesehen und gestaltet worden. In der Zukunft wird die Gewährleistung der Verträglichkeit unterschiedlicher Regelungen in einem gemeinsamen Markt eine Herausforderung für die EG sein.

Zu einem sehr viel späteren Zeitpunkt ist es auch denkbar, daß sich in einigen Bereichen der Sozialpolitik einheitliche Regelungen in den verschiedenen Ländern durchsetzen. Das wäre dann der Zeitpunkt für die EG, die Ausgestaltung einer für alle Völker gültigen Sozialcharta in Europa erneut zu versuchen. – Diese Funktion möchte ich aber nicht überschätzen: Sowenig wir die Integration der europäischen Kulturen anstreben, sowenig wird es möglich sein, in allen Fragen eine einheitliche europäische Sozialpolitik zu entwickeln.

Es wäre aber hilfreich, wenn auch die EG-Zentrale in Brüssel die Prämissen europäischer Sozialpolitik überprüfen und dann im Sinne der Zuständigkeit formulieren würde. Niemand sollte sich darauf berufen dürfen, daß Brüssel für die Fortschreibung der Sozialpolitik in Europa verantwortlich ist. Eine klare Definition der Zuständigkeiten und Freiräume wäre für das Entstehen von Initiativen hilfreich.

In diesem Sinne rufe ich noch einmal alle für die Gestaltung unserer sozialen Politik in Europa Verantwortlichen auf, ihren Freiraum zu nutzen und die sozialen Strukturen fortzuschreiben. Europa muß aus seiner Vielfalt leben! Nur die Vielfalt geistiger Bestrebungen und praktischer Bemühungen kann im Sinne des Systemwettbewerbs zu Lösungen führen, die den Arbeitsbedingungen und dem Menschenbild unserer Zeit entsprechen.

In diesem Zusammenhang ist es angebracht, auch auf die Notwendigkeit der geistigen Orientierung hinzuweisen. – In dem Streben nach Freiraum und individualistischer Lebensgestaltung laufen wir Gefahr, unsere Gemeinschaftsfähigkeit zu verlieren. Die Überbetonung materieller Ziele und die Geringschätzung einer ethischen Orientierung haben schon heute zu einer bedauerlichen Belastung der Gesellschaft geführt. Die Maßstäbe und Regeln der Vergangenheit in bezug auf die Ordnung unserer Gesellschaft entsprechen nicht mehr dem von uns im Bildungswesen angestrebten Menschenbild. Nach ihrem heutigen Selbstverständnis suchen die Menschen in ihrem Leben auch Selbstverwirklichung. Die Strukturen in der Wirtschaft entsprechen diesem Wunsch nur in seltenen Fällen. – Die Gestaltung einer menschengerechten Sozialpolitik wird ohne eine neue geistige Orientierung nicht möglich sein!

Lassen Sie mich abschließend meine Gedanken zur Fortschreibung der europäischen Sozialpolitik noch einmal in einigen Thesen zusammenfassen:

1. Angesichts der Unterschiedlichkeit der Kulturen der europäischen Nationen und der in ihnen integrierten Sozialpolitik muß sich die Europäische Gemeinschaft im Bereich der Sozialpolitik auf eine Koordinierungsfunktion beschränken.
2. Träger der sozialpolitischen Entwicklung und Zuständigkeit bleiben die einzelnen europäischen Länder. Die Unterschiedlichkeit sowohl der europäischen Kulturen als auch der entwickelten Sozialordnungen sowie ihre notwendigen Fortschreibungen müssen im Hinblick auf ihre Evolutionsfähigkeit positiv gewertet werden und auch langfristig erhalten bleiben. Ähnlich wie in anderen Lebensbereichen gewährleistet der Wettbewerb der Systeme am besten den Fortschritt.
3. Die EG ist dafür verantwortlich, Regelungen für eine Begrenzung von Schäden zu schaffen, die aus der Unterschiedlichkeit von Kultur, Produktivität und Sozialordnung der einzelnen Länder in dem gemeinsamen Markt und Lebensraum resultieren.
4. Die in den Römischen Verträgen aufgestellte Zielsetzung der Angleichung der Lebensbedingungen in ganz Europa ist unrealistisch und auch aus politischer Sicht nicht erforderlich. Relevante Transferleistungen sollten deshalb nach Umfang und Dauer begrenzt werden.

5. Die Europäische Gemeinschaft muß den sozialen Fortschritt durch Forschungsförderung, Wissensvermittlung und Erfahrungsaustausch unterstützen.
6. Der Wettbewerb und die Leistungsanforderungen des internationalen Marktes werden menschengerechte Sozialordnungen auf die Stufe erstrangiger Erfolgsfaktoren befördern. Die Wirtschaft und insbesondere die multinationalen Unternehmen haben allen Grund, mit Engagement, Kreativität und Energie den Ausbau der Sozialordnungen zu fördern und mitzugestalten.
7. Die Kultur und Erfahrung der europäischen Völker beinhalten eine große Chance, im globalen Wettbewerb der Systeme voranzukommen und erfolgreich zu bestehen. Sicherheit und Fortschritt verlangen aber von uns allen die Bereitschaft zur Fortschreibung der Sozialpolitik und die Fähigkeit zur Entwicklung neuer Ziele und Lösungen.

Meine Damen und Herren, zu der komplexen Thematik einer europäischen Sozialpolitik konnte ich Ihnen heute keine umfassende Lösung präsentieren. Vielmehr lag mir daran, Ihnen die sozialpolitischen Prämissen aufzuzeigen, verbunden mit möglichen und notwendigen Handlungsalternativen. Die anstehende Aufgabenstellung ist schwierig – sowie andererseits auch von gravierender Bedeutung. Wir alle sollten uns verantwortlich und aufgerufen fühlen, im gemeinsamen Dialog und durch geeignete Initiativen die Thematik voranzubringen. Auch wenn wir in der Bundesrepublik Deutschland einen anerkennenswerten sozialpolitischen Status erreicht haben, müssen wir doch verstehen, daß in dieser vom Wandel gekennzeichneten Zeit die Lösungen der Vergangenheit keinen Bestand haben werden. Wir alle sind aufgerufen, in gemeinsamer Verantwortung für die Zielfindung neue Wege zu suchen. Ihr Interesse und Ihre Stellungnahmen können dazu beitragen. Menschlichkeit, Kreativität, Mut und Toleranz sind gefordert. Die Aufgabenstellung ist lösbar – helfen Sie mit!

# Neue Ziele in der Welt der Arbeit[1]

## Präambel

In unserem Jahrhundert hat sich in bezug auf die Wirtschaftsordnung nach vielerlei alternativen Entwicklungen die Verbindung der demokratischen Staatsform mit dem auf Eigentum und Wettbewerb beruhenden Prinzip der Marktwirtschaft als eindeutig überlegen erwiesen. Die Demokratie hat durch die gesellschaftsverträgliche Ausgestaltung der ordnungspolitischen Fundamente von Gerechtigkeit, Freiheit und Solidarität zu diesem Ergebnis wesentlich beigetragen. – In unserer Zeit werfen zuneh-

1 Vortrag von Reinhard Mohn auf dem Kongreß »Menschen machen Wirtschaft – Neue Ziele in der Welt der Arbeit«, veranstaltet von der Arbeitsgemeinschaft zur Förderung der Partnerschaft in der Wirtschaft e.V. (AGP) in Kassel am 15. September 1992, herausgegeben von der Bertelsmann Stiftung, 1992.

mende gesellschaftliche Reibungsverluste und eine unzureichende wirtschaftliche Evolutionsfähigkeit die Frage auf, ob die Erfolgselemente der Vergangenheit den sich abzeichnenden Aufgaben der Zukunft noch gerecht werden können. In diesem Sinne müssen veränderte Prämissen und erkennbare Tendenzen analysiert und gegebenenfalls Folgerungen für eine notwendige Fortschreibung des Systems der Sozialen Marktwirtschaft abgeleitet werden.

## I. Begründung des Erfolgs der Marktwirtschaft

Seit dem 19. Jahrhundert haben sich die Möglichkeiten wirtschaftlicher Tätigkeit durch die technologische Entwicklung und die Ausweitung der Märkte grundlegend verändert. Der Typ des kreativen Unternehmers nutzte die Chance seiner Zeit – unter außerordentlich liberalen gesellschaftlichen und wirtschaftlichen Rahmenbedingungen. Die auch von der Politik erstrebte Ausweitung der volkswirtschaftlichen Produktivität führte aber unter der liberalen Wirtschaftsverfassung zu gravierenden gesellschaftlichen Unverträglichkeiten. Erst dem demokratischen Staat gelang es, den Ausgleich zwischen wirtschaftlichem Freiraum und notwendiger menschlicher Rücksichtnahme zu gestalten. In der Bundesrepublik Deutschland kam es auf diese Weise zu der Systemfortschreibung vom liberalen Kapitalismus zur »Sozialen Marktwirtschaft«. Diese Wirtschaftsordnung erwies sich unter dem begleitenden und korrigierenden Einfluß von Politik und Tarifparteien als sozialverträglich und auch als effizient.

## Bilanz der Sozialen Marktwirtschaft

Das System der Sozialen Marktwirtschaft hat in nicht voraussehbarer Weise den Lebensstandard, die soziale Absicherung und die beruflichen Chancen der Menschen verbessert. Der sich aus diesen Bedingungen ergebende größere persönliche Freiraum wurde im Sinne des von unserer Bildungspolitik vorgegebenen Ziels der Selbstverwirklichung genutzt. Eine schon vor Jahrzehnten von Ludwig Erhard angemahnte neue geistige Orientierung kam nicht zustande. Die überkommenen Zielvorstellungen von Gewinnmaximierung in der Wirtschaft und Umverteilung im Sinne einer weiteren sozialen Absicherung bestimmen noch heute das Denken und Handeln in Wirtschaft und Politik – und insbesondere bei den Vertretern der Tarifparteien. – Stolz auf die Erfolge der Vergangenheit und im Bemühen um Besitzstandswahrung und zugleich uneinsichtig in bezug auf die gravierenden Wandlungen wirtschaftlicher und menschlicher Arbeitsprämissen, wurde die Bewahrung des Status quo als wünschenswerte Zielsetzung akzeptiert. So kam es weder zu dem Versuch einer neuen geistigen Orientierung mit der Definition von Zielen, die den heutigen Gegebenheiten entsprechen, noch zu Kooperationsformen in Wirtschaft und Gesellschaft, die den neuen Aufgabenstellungen entsprachen.

## Neue Arbeitsprämissen für die Wirtschaft

Auch das System der Sozialen Marktwirtschaft basierte auf der Impulskraft des Wettbewerbs und der Steuerungsfähigkeit des Marktes. Daß sich die Grenzen der damaligen Märkte in so kurzer Zeit vom nationalen zum globalen Wirtschaftsraum erweitern würden, war nicht vorauszusehen. Die daraus resultierenden neuen Wettbewerbsbedingungen sind so komplex wie derzeit noch ungeordnet. Als Resultat der Marktveränderung nahmen der Wettbewerbsdruck und die Anforderungen an die Evolutionsfähigkeit der Wirtschaft unglaublich zu. Gleichzeitig relativierten sich die Erfolgsformeln der Vergangenheit.

Eine besonders wichtige Veränderung ist in dem erheblich gestiegenen Schwierigkeitsgrad aller Funktionen des wirtschaftlichen Prozesses zu sehen. Dieser Wandlungsprozeß wird treffend charakterisiert durch die Infragestellung der konventionellen Fließbandarbeit. Teilweise übernimmt die Fließbandfunktion der Automat, aber zum anderen Teil müssen bestimmte Prozesse von weitgehend selbständig handelnden Mitarbeitern übernommen werden. Die erforderlichen Roboter kann man konstruieren, aber welche Prämissen müssen gegeben sein, um den autonom handelnden Mitarbeiter zu sachgerechtem Einsatz zu bewegen?

Eine ganz ähnliche Problematik ergibt sich durch den vom globalen Wettbewerb ausgelösten permanenten Evolutionsdruck. Die daraus resultierenden betrieblichen Umstellungen und beruflichen Anforderungen bedeuten für alle Mitarbeiter Unbequemlichkeiten und Fortbildungsanstrengungen. – Bei diesem Wandlungsprozeß ist es nicht ausreichend, per Tarifabkommen menschliche Rücksichtnahme bei den Umstellungen vorzuschreiben. Wichtiger ist nämlich die positive Einstellung der betroffenen Mitarbeiter zum Wandlungsprozeß selbst. Information und Dialog sind bei diesem Prozeß unerläßlich, aber sie reichen nicht aus. An die Tarifparteien stellen sich hier Fragen und Anforderungen, auf die die bisherigen tariflichen Abkommen keine ausreichende Antwort geben. Ohne Identifikation der Mitarbeiter mit ihrer Aufgabenstellung kann die Wirtschaft den Bedingungen des Fortschritts nicht entsprechen. Bemühen sich die Tarifpartner um diese Identifikation?

## II. Welche Ziele bewegen die Wirkungsfaktoren Kapital, Führung und Arbeit?

### 1. Das Kapital

Das Kapital ist in seiner Selbsteinschätzung noch am weitesten hinter den Realitäten zurückgeblieben. Seit dem Verlust der durch den Unternehmer gewährleisteten Einheit von Kapital und Führung haben Einfluß und wirtschaftliche Bedeutung des Kapitals ständig abgenommen. Die Bedeutung des Kapitals als Werkzeug im Wirtschaftsprozeß ist zwar geblieben. Sein nach den Spielregeln unserer auf Eigentum beruhenden Wirtschaftsordnung geforderter Führungsbeitrag hat aber in systemgefährdender Weise abgenommen. Der Untergang vieler Großunternehmen findet hier seine Begründung. – Das Bemühen des Kapitals um eine möglichst hohe Rendite ist legitim.

Wenn das Kapital bei diesem Prozeß aber seine eingeschränkte Funktion nicht begreift, wird sich das in bezug auf seine eigenen Interessen als verhängnisvoller Fehler erweisen. Die entscheidenden Erfolgsfaktoren in der Wirtschaft heißen nämlich in Zukunft »Führung und Mitarbeiter«. – Das Kapital wäre gut beraten, solche Reformen zu unterstützen, die diese beiden Wirkungsfaktoren veranlassen, sich mit ihrer ganzen Kraft für den Unternehmenserfolg einzusetzen. Eine solche Einstellung kann nicht erreicht werden durch das Beharren auf den noch heute gültigen Rechtsvorschriften, sondern durch auch vom Kapital zu sanktionierende Bedingungen, die die Identifikation von Führung und Mitarbeitern mit ihrer Aufgabe und dem Unternehmensziel ermöglichen.

Das Kapital sollte insbesondere in seinem eigenen Interesse erkennen, daß die Formel von der Gewinnmaximierung als Unternehmensziel längst nicht mehr den Realitäten entspricht. Als übergeordnetes Ziel muß in der Wirtschaft heute der Leistungsbeitrag für die Gesellschaft anerkannt werden. Dieses Zielverständnis macht das Streben nach Gewinn nicht überflüssig. Der Gewinn bleibt unverzichtbar als Maßstab der Richtigkeit des Handelns sowie zur Bedienung des vorhandenen und zur Generierung neuen Kapitals. – Nur bei Anerkennung des Leistungsbeitrages als übergeordnetes Unternehmensziel steht es dem Kapital zu, sein Gewinninteresse zu optimieren – und, wenn es dazu befähigt ist, einen Beitrag zur Unternehmensführung zu erbringen. Die Erkenntnis und Akzeptanz seiner neuen Rolle in der Wirtschaft wird für das Kapital in der Zukunft eine wichtige Prämisse seines Erfolges bedeuten.

## 2. Bedeutung und Wirkungsweise der Führung

Die Führung ist der wichtigste Erfolgsfaktor des Unternehmens. Die Optimierung der personellen und systematischen Komponente der Führung muß deshalb als vorrangige Aufgabe verstanden werden.

Gesellschaftliche und wirtschaftliche Gründe haben in unserer Zeit dazu geführt, daß die bewährte Form unternehmerischer Führung nur noch in begrenztem Umfang zur Anwendung kommt, z.B. im Mittelstand. Die Zunahme des Schwierigkeitsgrades und das Ausmaß des Kapitalbedarfs haben die hierarchische Führungstechnik ebenso obsolet gemacht wie die Eigenfinanzierung durch den Unternehmer. – Als Folge beobachten wir eine Aufspaltung der Funktionen »Führung« und »Finanzierung«. Unter Einbeziehung der Erfahrung, daß die Erben von Unternehmern häufig den Führungsanforderungen nicht entsprechen können, ergibt sich zunehmend eine getrennte Funktionsträgerschaft von Führung und Kapital – mit nicht selten differierenden Zielen. Anstelle der erfolgreichen Koordination aller Wirkungsfaktoren durch den Unternehmer ergeben sich heute Zielkonflikte zu Lasten des Unternehmenserfolges. Dabei zeigt sich überwiegend das »Management« der Vertretung des Kapitals überlegen. Es ist zu bedauern, daß der führungstechnisch wichtige Steuerungseinfluß des Kapitals verlorenzugehen droht. Unter Einbeziehung der unbewältigten Aufgabe der Integration des Faktors Arbeit in das betriebliche Geschehen präsentiert sich uns heute eine Form der Unternehmensführung mit deutlich verringertem Wirkungsgrad. Angesichts der Leistungsabhängigkeit eines Unternehmens von der Qualität seiner Führung muß diese Entwicklung bedauert und als nicht weiterführend charakterisiert werden.

### 3. Bedingungen und Selbstverständnis des Faktors Arbeit

Die Position des Faktors Arbeit in der Wirtschaft ist derzeit noch stark vergangenheitsorientiert. Bestrebungen um soziale Absicherung und Umverteilungsbemühungen bestimmen den Dialog der Tarifpartner. Das Aufgabenverständnis der Tarifpartner ebenso wie ihre Arbeitsweise ist noch stark von der Konfrontationsstrategie bestimmt – mit entsprechenden Reibungsverlusten. Die daraus resultierende Einstellung der Mitarbeiter zu ihrer beruflichen Aufgabe führt zu einem unzureichenden Engagement. Mangelnde Leistungsfähigkeit der Unternehmen in bezug auf Effizienz, Qualität und Flexibilität sind die Folgen.

Weder Arbeitgeber noch Gewerkschaften haben bisher der Tatsache Rechnung getragen, daß sich in unserer Zeit die Arbeitsanforderungen ebenso grundlegend verändert haben wie das Selbstverständnis der Menschen. – Der globale Wettbewerb hat einen Evolutionszwang ausgelöst, der Kooperationsbereitschaft in den Unternehmen unverzichtbar macht. Die heute unerläßliche Identifikation der Mitarbeiter mit ihrer beruflichen Aufgabe setzt die Delegation der Verantwortung ebenso voraus wie Arbeitsbedingungen, die als gerecht und menschlich empfunden werden können. Im Zielverständnis der Tarifpartner steht die Erkenntnis noch aus, daß die Selbstverwirklichung der Mitarbeiter in der Welt der Arbeit eine unverzichtbare Prämisse für Leistung und Fortschritt der Wirtschaft ist.

### Fazit

Die divergierenden und teilweise antiquierten Zielvorstellungen der im Unternehmen wirkenden Faktoren »Kapital«, »Führung« und »Arbeit« behindern seine Leistungsfähigkeit. – Das Kapital nimmt seine Steuerungsaufgabe ungenügend wahr. Das in den Führungskräften und Mitarbeitern vorhandene Leistungs- und Kreativpotential wird unzureichend erschlossen. Die Repräsentanten der Wirtschaft, der Politik sowie der Gewerkschaften haben keine überzeugenden Konsequenzen aus den veränderten Arbeitsprämissen der Wirtschaft gezogen. – Für den internationalen Wettbewerb der Ordnungssysteme sind wir in unserem Lande nur unzureichend vorbereitet.

## III. Fortschreibung der Ziele von Kapital, Management und Arbeit

Bei der folgenden Betrachtung wird von der eingetretenen Aufspaltung der Wirkungsfaktoren »Kapital«, »Management« und »Arbeit« ausgegangen. Erst im nächsten Kapitel soll zu der Frage Stellung genommen werden, ob diese führungstechnisch problematische Dreiteilung der Wirkungsfaktoren wieder umkehrbar ist.

Die derzeitigen Schwierigkeiten in der Welt der Arbeit beruhen im Grunde auf unterschiedlichen Interessenlagen bzw. Zielvorstellungen von »Kapital«, »Management« und »Arbeit«. Bei der Analyse der Problematik stellt sich die Frage, ob es möglich ist, die Zielvorstellungen einander anzunähern oder möglicherweise sogar zu harmonisieren. Dazu soll nachstehend zuerst untersucht werden, inwieweit die bei den Wirkungsfaktoren bestehenden Zielvorstellungen zum einen der heutigen Aufgabenstellung und zum anderen dem Selbstverständnis der Betroffenen entsprechen. Diese Bezugnahme muß die Veränderungen unseres Gesellschaftsverständnisses berücksichtigen.

Das überaus erfolgreiche System der Sozialen Marktwirtschaft beruhte eher auf pragmatischen als auf ethischen Grundlagen. Das wußten auch die Väter unserer Demokratie sehr wohl, als sie sich nach dem Krieg in Angleichung an andere westliche Demokratien für die Marktwirtschaft entschieden. Die deutsche Variante mit einer zusätzlichen sozialen Komponente erwies sich nicht nur als systemverträglich, sondern vor allen Dingen auch als stabilisierend.

In unserer heutigen Gesellschaft wird aber nicht nur nach der Produktivität eines Systems gefragt, sondern auch nach seiner Menschengerechtigkeit im Einzelfall. Unser Erziehungssystem ebenso wie die ethischen Fundamente der Demokratie zielen auf eine individuelle Lebensgestaltung und die Chance der Selbstverwirklichung. Diesen Erwartungen wird die überkommene Ausprägung der Sozialen Marktwirtschaft nicht mehr gerecht. Die berufenen Repräsentanten der Arbeitnehmer formulieren den Anspruch, resultierend aus einem neuen Selbstverständnis, ebensowenig wie unsere politischen Parteien. Vielmehr verhält man sich gegenüber einem pragmatischen Wirtschaftssystem auch eher pragmatisch: Man vermeidet es, Unruhe zu erzeugen durch Neuerungen. Das kann aber dann nicht mehr gutgehen, wenn die Prämissen für die Funktionsfähigkeit dieses Systems in weiten Bereichen nicht mehr stimmen. – Es muß uns deutlich sein, daß auf dieser pragmatischen Grundlage der Marktwirtschaft ein Konsens im Zielverständnis der beteiligten Wirkungsfaktoren nicht mehr denkbar ist. Neue Ziele müssen die heutigen, ganz anderen Prämissen unserer Wirtschaft berücksichtigen. Es ist dies insbesondere im Bereich des Faktors »Arbeit« der Wunsch der Arbeitnehmer, Sinn in ihrem Beruf zu erfahren und mitgestalten zu können. Ihre daraus resultierende Forderung lautet: Gerechtigkeit, humane Arbeitsbedingungen, Mitsprachemöglichkeit und Aufstiegschance!

Mir scheint, daß diese Zielvorstellungen nicht nur verständlich und angemessen sind. Vielmehr bin ich davon überzeugt, daß sie glücklicherweise auch harmonieren mit den heutigen Arbeitsprämissen der Wirtschaft. Bei einer aufrichtigen und kritischen Analyse unserer Denkgewohnheiten und bei einer ehrlichen Bereitschaft, die Berechtigung von Besitzständen zu überprüfen, wird sich erweisen, daß in den veränderten Bedingungen der Menschen und der Wirtschaft eine großartige Harmonisierungschance begründet liegt. Die Wirtschaft soll nicht nur dem Lebensunterhalt des einzelnen dienen, sondern seine Arbeit soll auch wieder zu einem positiven Teil seines Lebens werden. Gelingt diese Transformation, so können in unserer Zeit sowohl in Wirtschaftsräumen als auch in Unternehmen Kräfte von sehr großer ökonomischer wie auch gesellschaftlicher Relevanz mobilisiert werden.

Die Aufgabe der Formulierung von identischen Zielvorstellungen erscheint mir danach, soweit es den Faktor »Arbeit« betrifft, nicht nur möglich, sondern im Sinne der Wirtschaft auch sachgerecht und wünschenswert. Nach meiner Auffassung werden mittelfristig politische und wirtschaftliche Zwänge diesen Harmonisierungsprozeß beschleunigen. – Schneller vorankommen würde der Denkprozeß bei allen Beteiligten durch die methodische Abklärung der Zielsetzungen und Maßstäbe in der Wirtschaft. Solange die konventionelle These von der Gewinnmaximierung als Unternehmensziel Gültigkeit hat, wird ein Übereinkommen mit dem Faktor »Arbeit« kaum möglich sein. – In diesem Zusammenhang ist es notwendig, sich daran zu erinnern, daß vor allem pragmatische und nicht ethische Gründe für die Einführung des Systems der Sozialen Marktwirtschaft gesprochen haben. Unsere junge Demokratie wollte die bestmögliche Versorgung der Bevölkerung. Diese Versorgungsleistung war die eigentliche, von der Politik vorgegebene Zielsetzung für die Wirtschaft. Wenn unter den heutigen veränderten gesellschaftlichen und ökonomischen Bedingungen eine Fortschreibung des Zielverständnisses der Wirtschaft ansteht, so scheint mir die Begründung für eine neue Definition sehr viel einleuchtender und akzeptabler zu sein als seinerzeit bei der Einführung der Sozialen Marktwirtschaft. – Letzten Endes besteht doch das eigentliche Ziel der Wirtschaft in der optimalen Versorgung der Bevölkerung. Diese Zieldefinition bleibt auch übergeordnet und gültig für die Zukunft. Die Zielerreichung des Unternehmens setzt aber in unserer Zeit zwingend die Beachtung der Ziele der Beteiligten voraus. In diesem Sinne und im

Hinblick auf die Zielsetzung des Faktors »Arbeit« ist es ein Glücksfall, daß die Forderung nach Selbstverwirklichung im Beruf nicht ein Hindernis für die Wirtschaft bei der Erfüllung ihres Auftrages ist, sondern vielmehr eine Bedingung ihres zukünftigen Erfolges!

Man mag aus den Erfahrungen unseres Jahrhunderts ableiten, daß der Harmonisierung der Zielvorstellungen von Kapital, Management und Arbeit schwer zu überbrückende Auffassungen über den »gerechten Lohn« entgegenstehen. Dieser Einwand ist nicht von der Hand zu weisen, und potentiell wird der Konflikt über die Verteilungsgerechtigkeit auch in der Zukunft nicht ausgeschaltet werden können. Der kontroverse Verhandlungsstil in unserem Lande über eine gerechte Lohnfindung wurde aber bei uns ad absurdum kultiviert. Der riesige propagandistische und emotionale Aufwand bei Tarifverhandlungen muß als sachlich ungerechtfertigt und für die Welt der Arbeit als schädlich charakterisiert werden. Daß andere Verhandlungsmethoden zu gleichen oder besseren Resultaten führen können, haben uns seit Jahrzehnten die Tarifpartner in der Schweiz demonstriert. Darüber hinaus sollten wir überlegen, ob nicht die in unserem Lande entwickelte Möglichkeit der Kapital- und Gewinnbeteiligung geeignet wäre, die Verteilungsproblematik zu entschärfen. – So muß die Folgerung gezogen werden, daß es in Wirklichkeit keine stichhaltigen Gründe gibt, eine kooperative und partnerschaftliche Unternehmenskultur abzulehnen. Vielmehr sehe ich in solch einem Unternehmensverständnis die entscheidende Prämisse für eine erfolgreiche Zukunft unserer Wirtschaft. – Die heutigen vorgebrachten und gängigen Argumente gegen eine neue

Unternehmenskultur beruhen nach meiner Wertung entweder auf Uneinsichtigkeit – oder aber auf persönlichem bzw. kollektivem Egoismus. Solche geistigen Positionen sind nicht weiterführend und müssen abgelehnt werden. Aus meiner Begründung zu der Notwendigkeit eines kooperativen Stils im Unternehmen gehört auch der Dialog über das Zielverständnis in der Wirtschaft bzw. innerhalb des Unternehmens. Es ist für alle Beteiligten unverzichtbar, daß diese Ziele zutreffend und verständlich definiert werden. Dazu ist es zuerst einmal erforderlich, die früher hilfsweise gewählte Zieldefinition der »Gewinnmaximierung« zu ersetzen durch die Forderung nach dem »bestmöglichen Leistungsbeitrag des Unternehmens für die Gesellschaft«.

Diese Klarstellung wird aber nur dann Besseres bewirken, wenn sie als ein Oberbegriff verstanden wird, der die Definition und Verfolgung der Sonderziele von Kapital, Management und Arbeit in den vom Gemeinwohl vorgegebenen Grenzen zuläßt. Eine solche Grenzziehung zwischen dem Unternehmensauftrag einerseits und den Einzelzielen der Wirkungsfaktoren andererseits muß und wird stets Gegenstand eines Dialogs bleiben. Für unsere heutige Situation in der Welt der Arbeit ist es aber wichtig, den Zielanspruch der Gesellschaft nach optimaler Bedarfsdeckung des Marktes bzw. der Bürger als dominierenden Anspruch anzuerkennen. Mit der Anerkennung dieser Zielsetzung ergeben sich zugleich auch Begrenzungen und Koordinationserfordernisse in bezug auf die Ansprüche der Wirkungsfaktoren. Zugleich beinhaltet die Anerkennung des gesellschaftlichen Leistungsanspruches angesichts der heutigen Arbeitsprämissen die Akzeptanz der Forderung von vertrauensvoller Zusammenarbeit von Kapital, Management und Arbeit. Diese Forderung beinhaltet im Interesse der Leistungsfähigkeit des Unternehmens Toleranz und Kompromißfähigkeit der Wirkungsfaktoren untereinander. – Unsere Tarifpartner mögen bei meiner Definition des Zielverständnisses in der Wirtschaft einwenden, daß dem Gemeinwohl entsprechend unserem Grundgesetz bereits mit der Garantie der Tarifautonomie hinreichend entsprochen sei. Angesichts der Stagnation in den Strukturen unserer Wirtschaft muß ich das bezweifeln. Die heute charakteristische Strategie der Tarifpartner, ihre Besitzstände zu verteidigen, hat mit den deutlich gewandelten Interessen unserer Gesellschaft nur wenig gemein. Die Arbeitsprämissen haben sich ebenso geändert wie das Selbstverständnis der Menschen. Deutlich wird das an der früher einmal gültigen Beschreibung der Wirkungsfaktoren mit »Kapital und Arbeit«. Im Hinblick auf den heutigen Unternehmenserfolg muß die Rangfolge der Wirkungsfaktoren in unserer Zeit lauten:

1. Führung, 2. Mitarbeiter, 3. Kapital! Aus dieser Akzentverschiebung sind die notwendigen Konsequenzen noch zu ziehen, und zwar sowohl in der Politik als auch bei den Tarifpartnern!

Die Aufspaltung der unternehmerischen Funktion in »Management« und »Finanzierung« hat in ihren Konsequenzen die Leistungsfähigkeit des kapitalistischen Ordnungssystems erheblich beschädigt. Mögen die Gründe für diese Funktionsaufspaltung auch noch so triftig sein: Die Einbuße an Führungskompetenz in der Wirtschaft ist nicht zu übersehen! Diese Aussage gilt übrigens insbesondere auch für die vielgepriesenen Großbetriebe! Gerade bei diesen rücken Management und Kapital immer weiter auseinander. Die vielfältigen Versuche, durch Gesetze und Fortschreibung der Führungstechnik zwischen Exekutive und Kapitalvertretern zu koordinieren, sind in Wirklichkeit schwerfällig, wenig sachgerecht und eher geeignet, Ordnungsmäßigkeit herbeizuführen als unternehmerische Führung zu gewährleisten. – Nach allen Erfahrungen und bei zunehmender Komplizierung der Führungsfunktion werden die Kapitalvertreter ihrer ursprünglichen Kontroll- und Lenkungsaufgabe immer weniger gerecht werden. Der Informations- und Kompetenzvorsprung der Exekutive wird dafür sorgen, daß das Kapital zunehmend zu den Verlierern gehört. Darüber hinaus wird es immer weniger in der Lage sein, die ihm im kapitalistischen Wirtschaftssystem zugedachte Rolle auszufüllen. In diesem Sinne bedauere ich ganz besonders das Unverständnis der Kapitalvertretung für die Identifikations- und Motivationsnotwendigkeit der im Unternehmen Beschäftigten. Diese Notwendigkeit verlangt in der Tat vom Kapital die Einsicht, daß die in unserer Zeit unabweisbare Forderung nach Selbstverwirklichung im Beruf und materieller Gerechtigkeit auch Zugeständnisse des Kapitals erforderlich macht. Das Beharren auf dem Rechtsstandpunkt ist hier nicht weiterführend! Nur die Kenntnis der heutigen Arbeitsprämissen und des Selbstverständnisses von Management und Mitarbeitern könnte den Kapitalvertretern die Einsicht in das vermitteln, was sie nicht zuletzt in ihrem eigenen Interesse jetzt tun sollten. – Es ist zu vermuten, daß dieser Weg zur Einsicht des Kapitals in bezug auf seine neue Rolle in der Wirtschaft nicht nur viel Zeit, sondern auch bitteres Lehrgeld erfordern wird.

In diesem Zusammenhang möchte ich noch darauf hinweisen, daß Versuche mit Kapital- und Gewinnbeteiligungen von Managern und Mitarbeitern auch bemerkenswerte Rückwirkungen auf das Steuerungsverhalten der Exekutive bewiesen haben. Solche spürbaren Einwirkungen auf Kapitaleinsatz und Rentabilität werden ansonsten von den berufenen Kapitalvertretern kaum noch bewirkt. Die größere Nähe der im Unternehmen Beschäftigten bringt neben einem gewissen Sachverstand vor allem auch das Interesse am Unternehmenserfolg und an guter Führung in den Dialog ein. Über die Argumente der im Unternehmen Beschäftigten wird sich eine Exekutive so leicht nicht hinwegsetzen wollen, wenn ihr die Bedeutung der Motivation der Mitarbeiter für den Unternehmenserfolg deutlich ist. In diesem Zusammenhang möchte ich bestätigen, daß auch eine intensivere und qualifiziertere Arbeit der berufenen Kapitalvertreter in ähnlicher Richtung Wirkungen auslösen kann. Bei entsprechender Einsicht der Kapitalvertretung erscheint angesichts gleicher Interessenlage eine Kooperation mit den Mitarbeitervertretern – zum Beispiel im Aufsichtsrat – möglich und sinnvoll.

Das Kapital hat seine frühere dominierende Rolle als Erfolgsfaktor verloren. Die Prämisse seines eigenen Erfolges in der Zukunft ist die Anerkennung der Zieldefinition des Unternehmens als »Leistungsbeitrag für die Gesellschaft«. Zu dieser gesellschaftlichen Anforderung muß und kann das Kapital einen Beitrag leisten. Kompromisse gegenüber den anderen Wirkungsfaktoren im Unternehmen sind dabei erforderlich. Das Kapital sollte sie als Investitionen in seine eigene Zukunft verstehen und fördern.

So wie sich die Verhältnisse für den Einsatz des Kapitals grundlegend verändert haben, sind auch die Bedingungen des Faktors Arbeit erheblichen Änderungen unterworfen. – Die in einem Jahrhundert ausgebaute starke soziale Absicherung schützt heute vor den allermeisten Risiken des Berufslebens. Die Weiterentwicklung unseres sozialen Netzes sollte deshalb weniger unter quantitativen Gesichtspunkten geschehen als unter dem Aspekt echter Bedürftigkeit sowie der Finanzierbarkeit. Die aus gesellschaftlichen Gründen unverzichtbar zu erhebende Forderung, in der Sozialpolitik das vertretbare Maß an Subsidiarität einzufordern, ist eine neue und unserer Zeit auferlegte Anforderung.

Praktisch unbearbeitet und kaum beachtet von Politik und Tarifpartnern sind die Konsequenzen unserer Bildungsarbeit und unseres Staatsverständnisses. Das Selbstverständnis der Bürger hat sich ebenso grundlegend gewandelt wie ihre Relation zur Gemeinschaft. In der Welt der Arbeit wollen sich die Menschen heute identifizieren und verwirklichen können. Sie wollen mitdenken, mitsprechen und mitgestalten. – Die gleichen Forderungen müssen übrigens innerhalb der Wirtschaft auch aufgrund der gewandelten Aufgabenstellungen erhoben werden. Leider haben dies in der Tat erst wenige Arbeitgeber verstanden – am allerwenigsten wohl die staatliche Verwaltung. Es ist bedauerlich, daß auch unsere Gewerkschaften als Sachwalter der Berufstätigen diesen Aspekt erst sehr zögernd und eher unbeholfen angehen. Hier fehlt eine Initiative »Selbstverwirklichung im Beruf«! – Die Arbeitgeber sollten solche Bemühungen nicht behindern, sondern vielmehr begrüßen und fördern. Sie brauchen verantwortungsbereite und leistungsfähige Mitarbeiter in der Zukunft mehr denn je!

Unzureichend wird von unseren Tarifpartnern bisher auch noch die Problemstellung der materiellen Gerechtigkeit angegangen. Neben einer unzureichenden Kenntnis der diesbezüglichen Ausgestaltungsmöglichkeiten spielt hier auch falsch verstandenes Eigeninteresse der Beteiligten eine retardierende Rolle. – Insbesondere die Tarifpartner sollten einmal sachlich die Frage prüfen, ob bei einer Mitarbeiterbeteiligung etwas verschenkt oder erworben wird! – Die Fragestellung ist in vielen Betrieben mit besonders guter Leistungsfähigkeit, Flexibilität und Kreativität längst beantwortet!

Eine weitere neuartige Anforderung an die Tarifpartner resultiert aus dem zunehmenden Umfang und Schwierigkeitsgrad ihrer Aufgabenstellung. So wie in allen anderen Lebensbereichen die Fülle der Aufgaben und der methodische Fortschreibungsbedarf in hierarchisch gegliederten Organisationen nicht mehr zu bewältigen sind, so müssen auch Arbeitgeberverbände und Gewerkschaften über ihre Führungsorganisation und ihren Führungsstil nachdenken. Es stimmt bedenklich, wenn in beiden Lagern neuerdings die Identifizierungsbereitschaft der Mitglieder mit der federführenden Exekutive nachläßt. Zu oft kommt es vor, daß die Meinung der Basis falsch eingeschätzt wird. Ebensooft geschieht es, daß die Entscheidungen der Exekutive im nachhinein kritisiert werden, weil sie nicht verstanden wurden. Mir scheint es an der Zeit, auch in diesem Tätigkeitsfeld über die Grundlagen moderner Führungstechnik unter Einbeziehung der Prämissen demokratisch verfaßter Verbände nachzudenken. Dazu gehört die Dezentralisierung der Entscheidungsbefugnis bei der Durchführung ebenso wie die Qualifizierung zur Entscheidungsbefähigung auf den unteren Ebenen. Vieles, was man jetzt im Bestreben nach Einheitlichkeit in Vorschriften kodifiziert, könnten Betriebsräte bei einem entsprechenden Handlungsfreiraum schneller und sachgerechter entscheiden. Auch auf diesem Feld gilt es, die sich in unserer Gesellschaft ausbreitende Regulierungsdichte zurückzuschrauben und mit mehr Freiraum auf den verschiedenen Ebenen der Organisation auch Spielraum für neue Arbeitsformen zu schaffen. – Die vorgeschlagene Verbesserung der Führungstechnik muß sich auch auf die Kooperationsmethodik der Tarifpartner erstrecken. In vielen strittigen Fällen, die nur mit großen Reibungsverlusten bewältigt werden, könnte eine vorhergehende qualifizierte Aufbereitung des Sachverhalts leichtere und bessere Entscheidungen ermöglichen. Schon allein das vergleichende Studium der Arbeitspraxis der Tarifpartner in anderen Ländern kann uns dazu viele Hinweise für bessere Lösungen geben. – Die Tarifparteien tragen gegenüber der Gesellschaft die gleiche Verantwortung. Sie sollten ihren Auftrag in dem auch von der Politik geforderten Klima des Vertrauens und der Kooperationsbereitschaft wahrnehmen. In der Öffentlichkeit muß der Kampf mit Parolen durch Sachverstand und Sachlichkeit ersetzt werden. Dogmen und der Hinweis auf Erfolge der Vergangenheit genügen nicht mehr als Beweis der Führungskompetenz in einer Welt der Arbeit, deren Fundament auf völlig anderen Prämissen beruht. An die Führung der Verbände und an ihre Geschäftsstellen werden mit den neuen Zielsetzungen erhebliche Anforderungen gestellt. Ihr treuhänderisches Mandat verpflichtet sie, diese Anstrengungen im Interesse ihrer Mitglieder ebenso wie auch im Interesse unserer Gesellschaft auf sich zu nehmen.

## IV. Ist das Leitbild der unternehmerischen Führung überholt?

Die Gründe, die zu der Aufspaltung der unternehmerischen Funktion in die Faktoren »Management« und »Finanzierung« geführt haben, wurden eingangs behandelt. Die Trennung hat einen umfangreichen Koordinationsmechanismus ausgelöst in dem Bestreben, die sich stärker differenzierenden Gruppeninteressen auf das Wohl des Gesamtunternehmens auszurichten. Diese Koordination verlangte Kompromisse. Die unverzichtbare Einbindung sozialer Mitarbeiterinteressen verkompliziert den Entscheidungsfindungsprozeß noch zusätzlich. Der Versuch der Steuerung dieser Führungsaufgabe mit Hilfe von umfangreichen Gesetzen und Vorschriften führte zwar zu einer besseren Berücksichtigung von Gruppeninteressen, die Qualität der Unternehmensführung litt unter diesen Entwicklungen aber erheblich! Die den Unternehmer auszeichnende Befähigung, kreativ zu gestalten, seine Bereitschaft zum Risiko und seine Entschlossenheit, auf Fehler schnell zu reagieren, zeichnet die heute übliche Praxis in den Unternehmensführungen weniger aus. Mit Wissenschaftlichkeit in der Führungstechnik und Perfektion im Planungs- und Berichtswesen wurde versucht, die Führung zu verbessern und zu erleichtern. Die zu beobachtende Stagnation und das nachfolgende Sterben vieler internationaler Großbetriebe belegt aber in unserer Zeit eindrucksvoll, daß diese Fortschreibung der Führungstechnik nicht sachgerecht war. Die Evolutions- und Leistungsfähigkeit der Unternehmen wurde durch die Bürokratisierung und Verkomplizierung zu stark beeinträchtigt. So ist festzustellen, daß die Aufgabe der Unternehmensführung heute nicht mehr annähernd so erfolgreich bewältigt wird wie ursprünglich vom Eigentümer-Unternehmer.

Wir müssen uns die Frage stellen, warum diese Entwicklung in der Unternehmensführung falsch gelaufen ist und ob ein anderer führungstechnischer Ansatz bessere Leistungen zeitigen kann. Bei solchen Grundsatzüberlegungen scheint es mir angebracht, darüber nachzudenken, ob wir in unserer Zeit bei dem Bemühen, mit den komplizierten Aufgabenstellungen fertig zu werden, nicht viel zu eingleisig und schematisch gedacht haben. Wir haben zwar in der Wirtschaft gelernt, hochdifferenzierte Planungs- und Kontrollmethoden zu entwickeln. Die Wirtschaftswissenschaft beschäftigt sich mit dieser Ausfächerung bis zum Exzeß. Bei dieser Entwicklung und angesichts des riesigen Wissensstoffes wurde es auch notwendig, alle wichtigen Teilfunktionen zu spezialisieren – und sie wissenschaftlich zu untermauern. Zu mehr Systematik hat das gewiß geführt, aber nicht zu mehr Kreativität und Urteilsfähigkeit der betroffenen Führungskräfte. Die gedanklichen Beiträge der Spezialisten können doch nur dann wirkungsvoll sein, wenn sie von Persönlichkeiten koordiniert und bewertet werden, die die ursprüngliche unternehmerische Gestaltungsbefähigung besitzen! – Solche Persönlichkeiten resultieren aber ebensowenig aus dem Hochschulstudium wie aus der scheinbaren Perfektion eines hierarchisch, mit vielen Vorschriften durchorganisierten Betriebes. Die Richtigkeit dieser Aussage belegt der Personalmarkt für Führungskräfte. – Es gibt relativ viele Spezialisten und Experten und leider nur viel zuwenig eigenständige und unternehmerisch erfahrene Führungskräfte!

Gegen diesen Mißstand muß auch die Führungslehre angehen! Junge Führungsnachwuchskräfte müssen viel eher und mehr eigene und volle Verantwortung in kleinen Firmeneinheiten oder Profit-Centern übernehmen. In dieser Verantwortlichkeit tritt ein Lernprozeß ein, den die Hochschule nicht vermitteln kann. Durch die Übernahme der alleinigen Verantwortung, durch Fehler und Erfolge kann eine unternehmerische Schulung bewirkt werden, die durch Theorie überhaupt nicht zu ersetzen ist. – Dazu gehören dann allerdings auch »unternehmerische« Arbeitsbedingungen! Das sind insbesondere eine konsequente Dezentralisierung der Verantwortung, ein großer Gestaltungsfreiraum, das Recht, auch einmal aus Fehlern zu lernen, die Einlage eigenen Kapitals in das geführte Profit-Center und die überwiegende Vergütung im Sinne einer Erfolgsbeteiligung. Ich selbst habe erfahren, daß ein solcher Ausbildungsgang praktikabel ist und zur Entwicklung von unternehmerischen Führungspersönlichkeiten auf allen Ebenen der Führungspyramide führt. Die sich aus dieser Struktur ergebende Motivation der Führungskräfte einerseits und die Befähigung andererseits hat sich in unserem Hause als das Fundament unserer Evolutionsfähigkeit und des anhaltenden wirtschaftlichen Erfolges erwiesen. Wir können nicht verhindern, daß die Aufgabenstellung in der Unternehmensführung immer komplizierter wird, aber wir können sehr wohl dafür sorgen, daß genügend unternehmerisch geschulte und handelnde Führungskräfte vorhanden sind. Mit dieser Konzeption kann jedenfalls die heutige Führungsaufgabe in der Wirtschaft entscheidend erleichtert werden.

## Fazit

Die Rahmenbedingungen für den Unternehmer der Vergangenheit lassen sich nicht wiederherstellen. Wir müssen aber begreifen, daß der unternehmerische Führungsstil auch in unserer Zeit nichts an seiner Wirksamkeit eingebüßt hat. Wir brauchen uns nur zu entschließen, in der Wirtschaft unternehmerische Arbeitsbedingungen für die Führungskräfte zu schaffen. Daß dies eine realistische und erfolgreiche Strategie ist, wurde in vielen mittleren und größeren Unternehmen bewiesen.

Unternehmerische Arbeitsbedingungen verlangen sehr viel mehr Gestaltungsfreiraum und eine entsprechende Fortschreibung der Führungstechnik. Berührt wird von solch einer Reform insbesondere auch das Interesse des Kapitals. Ohne sachgerechte Zugeständnisse der Kapitaleigner in bezug auf Gewährung von Beteiligungen für die Führungskräfte werden in unserer Wirtschaft wohl wie bisher Manager wachsen, nicht aber Unternehmer! Und gerade die brauchen wir, wenn wir den Aufgaben der Zukunft gerecht werden wollen.

Für die Führung in unserer Wirtschaft folgt daraus die neue Zielsetzung, unternehmerische Führungsbedingungen zu schaffen. An dieser Fortschreibung sollten im eigenen Interesse auch die Faktoren »Kapital« und »Arbeit« interessiert sein. – Von der Wissenschaft sollte man sich wünschen, daß der notwendige Prozeß analysiert und helfend begleitet wird. Mir erscheint es unstrittig: Der Unternehmer wird wieder gebraucht!

## V. Hindernisse bei der Erarbeitung neuer Ziele in der Wirtschaft

Wir müssen begreifen, daß die Erfahrungen der Vergangenheit mit ihren Erkenntnissen und Erfolgen uns nur eine begrenzte Hilfestellung bedeuten können bei der Erarbeitung der heute erforderlichen neuen Ziele. In Zeiten großer Stetigkeit bedeuteten Tradition und Erfahrung für die Stabilität einer Gesellschaft sehr viel. Das Charakteristikum unserer Zeitepoche ist aber nun einmal der Wandel, und die Prämisse zum Erfolg ist unsere Wandlungsfähigkeit. Geändert haben sich wissenschaftliche und technische Voraussetzungen unserer Arbeit. Die an uns und insbesondere an unsere Fähigkeiten zum Lernen gestellten Forderungen sind im Vergleich zur Vergangenheit unglaublich hoch. Oft genug scheinen sie unser Anpassungsvermögen zu überfordern. – Wichtiger als der Wechsel in den äußeren Bedingungen in unserer wirtschaftlichen Tätigkeit ist aber nach meiner Einschätzung die Veränderung des Selbstverständnisses der Menschen. Dies betrifft sowohl die Abhängigkeit der Wirtschaft von den Kunden als auch von ihren Mitarbeitern. Mehr Wissen, ein größerer persönlicher Freiraum und eigene Urteilsfähigkeit haben in unserer Gesellschaft Arbeitsbedingungen geschaffen, deren Konsequenzen in vieler Hinsicht noch gar nicht gezogen worden sind. Wenn der Wandel in unserer Zeit erfolgreich verlaufen soll, muß er sich in erster Linie an dem Maßstab des neuen Selbstverständnisses der Menschen messen lassen. Gerade in unserem Jahrhundert erleben wir, daß Ordnungssysteme der Anpassung an die Aufgabenstellung einerseits und an das sich verändernde Selbstverständnis der Menschen andererseits bedürfen. Dieser Prozeß ist schwierig und zeitraubend. Er verläuft selten ohne Reibungen. Die Erfolge der Vergangenheit können für uns bei einer Neuorientierung auch schlechte Vorbilder für die Zukunft bedeuten. So kann die Verteidigung von früheren Errungenschaften, Besitzständen und Gewohnheiten heute auch gleichbedeutend sein mit den Marksteinen des Abstiegs. Es ist ja auch zutreffend, daß unsere menschliche Wesensart mit ihrer Tendenz zum Beharren und zum Egoismus in diesem Wandlungsprozeß eine retardierende Hypothek darstellt. – Trotzdem: Unsere Zeit verlangt neue Lösungen! Gerade in der Wirtschaft wird uns das durch den inzwischen globalen Wettbewerb täglich bewiesen. Nicht die Menge des Kapitals oder die Erfolgspositionen der Vergangenheit werden unseren wirtschaftlichen Rang bestimmen. Unsere Wettbewerbsfähigkeit wird vielmehr in erster Linie davon abhängen, ob es uns gelingt, Ziele zu setzen und Strukturen zu entwickeln, mit denen sich die Menschen in unserem Lande identifizieren können. Von ihrer Motivation und Einsatzbereitschaft wird unser wirtschaftliches Schicksal letzten Endes abhängen.

Wenn wir diese Gedankenfolge akzeptieren, wird uns der Stellenwert der gesellschaftlichen und wirtschaftlichen

Systemfortschreibung sehr deutlich. Ich selbst sehe keine andere Einzelmaßnahme von vergleichbarer Bedeutung als die Neugestaltung der Ordnungen in unserem Lande in sach- und menschengerechter Weise. Anfangen müssen wir bei solchen Reformüberlegungen mit Diskussionen und Definitionsversuchen neuer Zielvorstellungen. Die Fortschreibung wird uns nur gelingen, wenn wir das Selbstverständnis der Menschen unserer Zeit mit ihren Zielen, Wünschen und Hoffnungen richtig einschätzen.

Der Prozeß der Erneuerung bedarf vieler Lernschritte und wissenschaftlicher Anstöße. Alle Lebensbereiche müssen aus ihrer Sicht und Problemstellung dazu beitragen. So kann sich langsam ein kultureller Wandlungsprozeß formieren, der den Menschen mehr Zufriedenheit, Erfolg und Selbstverwirklichung gewähren würde. – Auf diesem Weg wird uns der Wettbewerb der Systeme begleiten und uns immer wieder daran erinnern, daß die Menschengerechtigkeit einer Ordnung die Prämisse von Erfolg und Stabilität darstellt.

# Effizienz und Evolutionsfähigkeit im öffentlichen Dienst[1]

Mit Hilfe der modernen Medien werden wir alle Zeugen eines Vorgangs, für den es in der Geschichte der Menschheit keinen Vergleich gibt. Überlieferte Traditionen der unterschiedlichen Kulturen werden durch einen globalen Wettkampf der Systeme in Frage gestellt. Der in der Historie oft entscheidende Impuls militärischer Stärke verlagert sich auf die Leistungsfähigkeit gesellschaftlicher und ökonomischer Ordnungen. Neue und sich schnell fortentwickelnde Prämissen dieser Ordnungen zwingen zum Schritthalten und zum Systemwettbewerb. Hierarchische und dogmatische Ordnungen werden den Anforderungen dieses Wandels nicht mehr gerecht. Sie scheitern am zu-

1 Vortrag von Reinhard Mohn an der Hochschule für Verwaltungswissenschaften Speyer am 5. November 1992, herausgegeben von der Bertelsmann Stiftung, 1994.

nehmenden Schwierigkeitsgrad der Aufgabenstellung und an dem Zwang zum Fortschritt.

Wir sollten darüber nachdenken, ob diese Bedingungen auch für unser Konzept des öffentlichen Dienstes im Staat zutreffend sind. Historisch gesehen wurden die Ziele und Arbeitsgrundsätze für unseren Staat unter wesentlich anderen Prämissen entwickelt. Im Vordergrund stand das Streben nach der Gleichbehandlung aller Bürger, der Ordnungsmäßigkeit der Arbeitsabläufe und der Erfüllung vorgegebener Aufträge. Die sich aus diesen Zielen ableitenden Arbeitsformen setzten statische Bedingungen in der Zielsetzung und Auftragsabwicklung voraus. – Heute stehen wir unter entscheidend veränderten Arbeitsprämissen und einer völlig anderen Auftragsstruktur. Der Staat hat seinen Aufgabenbereich in nie gekannter Weise ausgeweitet. Dieser Prozeß hält noch an. Allein von der Größe des Volumens staatlicher Tätigkeit ist leicht abzuleiten, daß in unserer Zeit neben den bisherigen Zielsetzungen auch das Kriterium der Effizienz und der Sparsamkeit eine Rolle spielen muß. Der uns im Wettbewerb internationaler Ordnungen auferlegte Zwang zur Flexibilität einerseits und Evolutionsfähigkeit unserer Ordnungen andererseits enthält Anforderungen an die staatlichen Ordnungen, die in früheren Jahrhunderten völlig unbekannt waren. – Die Durchsetzung der demokratischen Staatsform und das Selbstbewußtsein der Menschen verlangen von den Organen des Staates die Berücksichtigung der Bürgerinteressen bis hin zur Bürgerfreundlichkeit bei der Abwicklung von Aufträgen. – Auch innerhalb der staatlichen Verwaltung haben sich durch das veränderte Selbstbewußtsein der Mitarbeiter andere Bedingungen für die Führung und Arbeitsgestaltung ergeben. In der staatlichen Verwaltung gibt es heute keine »Untertanen« mehr, sondern Mitarbeiter mit einer hohen Qualifikation und mit dem Anspruch der Selbstverwirklichung auch innerhalb ihrer beruflichen Tätigkeit. – Die Anforderungen der Vergangenheit an staatliche Tätigkeit sind durch diese Entwicklungen keineswegs obsolet geworden. Sie verlangen aber eine den neuen Gegebenheiten entsprechende Ergänzung und Fortschreibung.

Es ist bedauerlich, daß die politische Führung und die staatlichen Organe sich nicht in der Lage zeigen, Konsequenzen aus den veränderten Bedingungen und Anforderungen zu ziehen. Wir erleben im Bereich der staatlichen Zuständigkeit die gleichen Stagnationserscheinungen, wie sie uns in der Wirtschaft bei Monopol-Betrieben bekannt sind. Während jedoch in der Wirtschaft der Druck des Marktes eines Tages auch Monopole zur Reaktion zwingt, bleiben entsprechende Anstöße bzw. Sanktionen im Bereich staatlicher Tätigkeit aus. – Bei komplizierten und großen Organisationen reagieren die Gesellschaft oder der Markt nicht unverzüglich auf ein entsprechendes Fehlverhalten. Es ist ja auch nicht einfach für Außenstehende, die Richtigkeit und Zweckmäßigkeit der Geschäftspolitik großer Firmen oder Organisationen zu beurteilen. Um so beachtlicher erscheint es mir, daß in unserer Zeit die Kritik am Verhalten und an der Leistungsfähigkeit der staatlichen Verwaltung in allen Bereichen zunimmt. Diese Kritik gründet sich auf die Unzufriedenheit vieler Betroffener von der Wirtschaft bis hin zum Bürger. Selbstverständlich interpretieren auch die Medien diese Problematik mit zunehmender Tendenz und

Härte. – Man kann diese Situation erklären, eine akzeptable Entschuldigung für den Rückstand und die Versäumnisse gibt es aber nicht!

In bezug auf anstehenden Handlungsbedarf müßte man zuständigkeitshalber auf die Politik verweisen. Daß hier nicht reagiert wird, ist verständlich: Grundlegende Veränderungen würden gravierende innenpolitische Probleme auslösen und darüber hinaus: Die Politik arbeitet nach anderen Führungsgrundsätzen, als sie für die staatliche Verwaltung erforderlich sind. Aus diesem Sachverhalt erklärt sich auch, daß unsere Politik im Hinblick auf notwendige Verwaltungsreformen selbst dann nicht tätig wird, wenn der Staatshaushalt durch die vielerlei Anforderungen völlig überfordert ist. Kredite aufzunehmen ist für die Politik erwiesenermaßen sehr viel angenehmer, als sachgerechte Reformen durchzusetzen. – So erleben wir im staatlichen Bereich eine Handlungsunfähigkeit in bezug auf methodische Evolution, wie sie in diesem Ausmaß in der Wirtschaft gar nicht vorstellbar ist. Man darf sich aber nicht täuschen: Die Unzufriedenheit aller Betroffenen wächst. Dies gilt insbesondere auch für die im staatlichen Dienst beschäftigten Mitarbeiter. Diese pochen nämlich nicht in erster Linie immer auf Besitzstände. Sie sind sehr wohl an Leistung und gesellschaftlicher Akzeptanz interessiert. Gerade die im öffentlichen Dienst Tätigen wissen sehr wohl, wie dringend Reformen sind, und sie sind auch in der Lage und bereit, zu solchen Reformen Beiträge zu erbringen.

Hier ist in bezug auf die staatliche Verwaltung und den öffentlichen Dienst eine Situation entstanden, die den Status quo in absehbarer Zeit in Frage stellen wird. Die

Defizite im Staatshaushalt und die übermäßige Belastung der deutschen Wirtschaft durch die Ineffizienz des Staates werden uns zum Handeln zwingen. – Wenn wir als Demokraten handeln wollen und unsere Verantwortung ernst nehmen, dann dürfen wir diese gravierende Fehlentwicklung nicht achtlos übersehen. Wir sollten aus echtem politischen Engagement bemüht sein, Wege aufzuzeigen, die geeignet erscheinen, nicht nur die derzeitige Problematik zu lösen, sondern eine Systematik zu etablieren, die, ähnlich wie der Wettbewerb in der Wirtschaft, systemimmanent zur Evolution zwingt.

Es lohnt, einen Augenblick darüber nachzudenken, wer zu den notwendigen Reformen Anstöße geben und Beihilfe leisten kann. Hier ist selbstverständlich auf die Wissenschaft zu verweisen. Sie kann insbesondere durch vergleichende Analysen im internationalen Bereich Lösungen aufzeigen, die einen Fortschritt gegenüber unserer Praxis darstellen. Fraglich erscheint es allerdings nach den bisherigen Erfahrungen in unserem Lande, ob solche Bemühungen ausreichend sind, um gravierende Verhaltensänderungen in unserer etablierten und gesättigten Gesellschaft durchzusetzen. – Zu denken ist im Hinblick auf Evolutionsanstöße auch an den Dienstherrn der staatlichen Verwaltung, nämlich die Politik. Es wurde aber schon darauf hingewiesen, daß unsere demokratische Führung unter völlig anderen führungstechnischen Prämissen arbeitet, als das für den Bereich der staatlichen Leistung erforderlich ist. – Die innerhalb der staatlichen Verwaltung gegebenen Möglichkeiten kreativer Evolution sind durch die Systematik zentralistischer Führung sehr eingeengt. Die Erfüllung von Vorschriften – auch von unsinnigen! – wird immer noch für wichtiger gehalten als eine sachgerechte Weiterentwicklung von Zielen und Arbeitsweisen. Den im Staat beschäftigten Führungskräften und Mitarbeitern ist in dieser Hinsicht kaum ein Vorwurf zu machen. Sie füllen eine vorgegebene Systematik aus, die den Anforderungen unserer Zeit nicht mehr gerecht werden kann.

Ich möchte deshalb an dieser Stelle die Frage untersuchen, ob das in der Wirtschaft bewährte System, Fortschritt und Leistung durch Wettbewerb zu gewährleisten, auch auf den Bereich staatlicher Tätigkeiten, insbesondere auch des öffentlichen Dienstes, zur Anwendung gebracht werden kann. – In der Wirtschaft haben wir gerade in unserer Zeit gesehen, daß hierarchische und staatliche Ordnungssysteme international nicht wettbewerbsfähig sind. Das sich global durchsetzende System der Marktwirtschaft und des Wettbewerbs bringt die richtigen Führungskräfte in die Verantwortung – und bestraft unfähige mit harten Sanktionen. Der Bürger kann über den Markt entscheiden, welche Leistungen und Produkte er wünscht. Leistung lohnt sich für den Bürger – und damit für die gesamte Gesellschaft. Das Kapital wird durch den Markt so gelenkt, daß es den Fortschritt beflügelt – und nicht, wie im Bereich der Politik, antiquierte Lösungen erhält. All diese Vorteile begründen, warum sich die westlichen Demokratien für das System der Marktwirtschaft entschieden haben – trotz aller deutlich bekannten sozialen und gesellschaftspolitischen Nachteile.

Geeignete Impulse zum Fortschritt sind im Bereich der staatlichen Verwaltung nur minimal ausgeprägt. Praktisch haben sie angesichts unserer Tendenz, Besitzstände zu wahren, keine innovative Wirkung. Ich verweise auf die unzureichenden Sanktionen bei Fehlverhalten und die völlig mangelnde Berücksichtigung des Bürgerwillens im Hinblick auf das staatliche Leistungsangebot. Über die Effizienz der Arbeitsweise wird im staatlichen Bereich kaum gesprochen. Man kennt den eigenen Leistungsstand im Verhältnis zu den Möglichkeiten und anderen Leistungsträgern nicht. Die Berichterstattung des Staates befaßt sich mit der Produktivität und entsprechenden Rationalisierungsmöglichkeiten aufgrund mangelnder Sachkenntnis praktisch überhaupt nicht. – Die Wissenschaft hat an einzelnen Beispielen seit langem den Produktivitätsrückstand im öffentlichen Dienst dargelegt. Eine Reaktion auf solche Hinweise ist nicht zu vermelden.

So ist es angemessen und erforderlich herauszustellen, daß die antiquierten staatlichen Zielsetzungen und Rahmenbedingungen für die Durchführung der Arbeit Leistung und Fortschritt behindern. Sie belasten darüber hinaus die Motivation der Beschäftigten. Unter solchen Bedingungen kann die in unserer Zeit unverzichtbare Evolution nicht stattfinden! – Alles spricht dafür, daß diese Problematik nicht durch einzelne Initiativen aus Wissenschaft, Politik oder Verwaltung behoben werden kann, sondern daß nur ein Nachdenken über die Ordnungssystematik im Bereich unseres Staates Wandel schaffen kann.

Mir erscheint es sinnvoll, jetzt einige Überlegungen zu einer Systemveränderung im staatlichen Bereich anzustellen. Uns allen ist seit langem die Empfehlung bekannt, die Ineffizienz des Staates abzulösen durch Privatisierungen. In vielen Fällen erscheint mir das auch angebracht.

Andererseits sehe ich aber eine große Anzahl von Funktionen, die von der Aufgabenstellung her besser in staatlicher Zuständigkeit bleiben sollten. Hier stellt sich die Frage, ob Lösungen vorstellbar sind, die auch für die staatliche Verwaltung und den öffentlichen Dienst ein System des Wettbewerbs zur Anwendung bringen können. – Diese Frage hat keineswegs rein hypothetischen oder theoretischen Charakter. Längst ist nämlich an verschiedenen Stellen im Ausland und Inland erwiesen, daß man im staatlichen Bereich ebenfalls Ziele definieren und messen kann, die dann im Rahmen eines Leistungsvergleiches beurteilbar und auswertbar sind. Die Entwicklung dieser Systematik ist nicht einfach. Die entsprechende Methodik aus der Wirtschaft bezüglich des Planungs- und Berichtswesens kann keineswegs unverändert übernommen werden. Wir stehen hier vor der Aufgabe, für die einzelnen Funktionen im Bereich der staatlichen Verwaltung Ziele, Meßgrößen und Qualifizierungen zu entwickeln, die der Politik eine sachgerechte Beurteilung und Steuerung des Geschehens ermöglichen. Diese Definitionen werden nur zu einem geringen Teil Bezug nehmen auf Kapitaleinsatz und Rentabilität. Im öffentlichen Bereich bestehen in vieler Hinsicht andere Ziele, die insbesondere von politischen und sozialen Vorstellungen geprägt werden. Aus meiner eigenen Erfahrung in diesem Bereich darf ich aber darauf hinweisen, daß auch für die staatlichen Aufgabenstellungen entsprechende Bewertungssysteme entwickelt werden können. Die sich dabei ergebenden Möglichkeiten des Leistungsvergleichs und der Leistungsbeurteilung sind verblüffend – und aufregend zugleich. Verblüffend sind die riesige Differenzierung des Leistungsniveaus einerseits und die völlige Unkenntnis der zuständigen Politiker und Sachbearbeiter über ihren eigenen Leistungsstand andererseits. Dieses System der Leistungsbewertung bietet selbstverständlich hervorragende Möglichkeiten zu kreativem Handeln und zum Fortschritt. – Die gegenüber einer solchen Methodik vorgebrachten Argumente der Unvergleichbarkeit der Aufgabenstellungen und Lösungsansätze sind mir bekannt. Mit Deutlichkeit kann ich dazu nur darauf hinweisen, daß diese Kritik nicht stichhaltig ist. Auch in der Wettbewerbswirtschaft gibt es unterschiedliche Bedingungen und Lösungen. Der Wettbewerb selbst wird dadurch nicht in Frage gestellt.

Bei einem Vergleich dieses von mir vorgeschlagenen Systems des Wettbewerbs im öffentlichen Bereich ist allerdings darauf hinzuweisen, daß die Sanktionen im Bereich des Staates nicht so gravierend und hart sein werden, wie das in der Wirtschaft der Fall ist. Mir scheint, daß diese Problematik jedoch lösbar ist! – Wenn wir uns einmal vorstellen, daß die Jahresberichte der öffentlichen Hand Leistungsvergleiche für alle wichtigen Tätigkeiten enthalten würden und diese Jahresberichte der Öffentlichkeit zur Verfügung ständen, dann kann man sich leicht ausmalen, welche Reaktion in einer Demokratie ausgelöst würde. Für die Medien wäre ein solches Material von allergrößtem Wert, weil solche Leistungsvergleiche den Bürger selbstverständlich in hohem Maße interessieren. Ob die Leistungen in den verschiedenen Bereichen innerhalb einer Stadt im Leistungsvergleich gut oder schlecht zu bewerten sind, verstehen auch die Bürger. Zusammen mit der Kommentierung der Medien wird so ein Druck auf die politische Führung ausgelöst, der in seiner Härte durchaus eine Parallelität zu den wirtschaftlichen Sanktionen im Markt darstellt. In dieser Hinsicht ist bisher in bezug auf die staatlichen Leistungen nur deshalb in der Öffentlichkeit Ruhe vorhanden, weil niemand das Niveau der Leistungen kennt. Ein öffentlicher Leistungsvergleich würde hier politische Wirkungen auslösen, die auch im Hinblick auf die Arbeitsweise des Staates »anregend« wäre. Dieser Zwang zum Handeln würde aber nicht nur vom Bürger und den Medien kommen, er würde selbstverständlich auch Gegenstand der politischen Diskussion werden. Ob in unseren Städten heute richtige oder falsche Entscheidungen getroffen werden, ist in der derzeitigen Praxis der Haushaltsbudgetierung extrem schwierig auszumachen. Eine klare Leistungsbeurteilung wäre für unsere Politiker eine große Hilfe bei ihren Entscheidungen. Zugleich würde der Leistungsvergleich aber auch den Bürgern einer Stadt die Möglichkeit geben, die Qualität politischer Entscheidungen zu bewerten.

Die sachgerechte Gestaltung der Zieldefinition, der Meßgrößen, des Planungs- und Berichtswesens und der Führungstechnik ist eine Aufgabe von gewaltiger Dimension und nicht geringem Schwierigkeitsgrad. Es besteht aber nach den vorliegenden Erfahrungen überhaupt kein Zweifel mehr, daß wir auf diesem Weg das Problem des ineffizienten und stagnierenden Staates lösen können. – Als besonders glücklich empfinde ich dabei die Chance, die Arbeitsbedingungen der im öffentlichen Bereich Tätigen entscheidend zu verbessern. Mit der bisherigen Methodik des öffentlichen Dienstrechtes und der entsprechenden Führungstechnik ist es in dieser Hinsicht allerdings nicht getan. Nach all meinen Erfahrungen, gerade auch im Gespräch mit den zuständigen Gewerkschaften, bin ich aber sicher, daß ein großes Interesse bestände, wenn Ansätze zur Flexibilität und Leistungsorientierung im öffentlichen Dienst vorgeschlagen würden. Das veränderte Selbstverständnis der Bürger in unserer Zeit gilt nicht nur für die in der Wirtschaft tätigen Mitarbeiter. Das Bedürfnis des Mitdenkens, Handelns und der Selbstverwirklichung in der Welt der Arbeit besteht auch bei den Beschäftigten im öffentlichen Dienst. Hier handelt es sich ganz einfach um ein gewandeltes Selbstverständnis des Menschen unserer Zeit. Diese Wandlung bietet einen hervorragenden Ansatz für die notwendigen Reformen. Man wird bei sachgerechter Gestaltung der Führungstechnik und der Arbeitsbedingungen bei den Mitarbeitern im öffentlichen Dienst eine hohe Bereitschaft zum Mitmachen und zum Engagement antreffen!

Die Bedeutung der Führung für den Erfolg ist in der Wirtschaft deutlich demonstriert. Dabei ist die Qualifikation der personellen Komponente im Durchschnitt wichtiger als die Sachgerechtigkeit der Führungstechnik. In dieser Hinsicht muß im öffentlichen Dienst eine völlige Umstellung erfolgen. Es gibt keinen Sinn, daß man darüber klagt, die Wirtschaft nehme dem Staat die besten Führungskräfte weg. Umgekehrt müßte man folgern, daß sachgerechte Bedingungen für Führungskräfte im staatlichen Bereich diesen Nachteil völlig ausräumen könnten. – Gute Führungskräfte wollen nicht nur ein leistungsgerechtes Einkommen, sondern vor allen Dingen Freiraum für Gestaltungen haben. Dienstvorschriften können nicht alles regeln. Sie dürfen nur den Charakter von Rahmenrichtlinien besitzen. Die Ausführung vorgegebener Aufgaben muß einen erheblichen Gestaltungsspielraum für Führungskräfte beinhalten. Diese Bedingung wird um so mehr eine Rolle spielen, als der Leistungsvergleich im öffentlichen Bereich entsprechende Führungserfolge auch deutlich machen wird. Mit anderen Worten: Auch in bezug auf die für den Erfolg erforderliche qualifizierte Führungskomponente lassen sich die Weichen unschwer stellen.

Daß solche Überlegungen nicht nur einen schwierigen Reformschritt darstellen, sondern zugleich auch viele Besitzstände in Frage stellen, ist mir bewußt. Erschwert wird die Situation insbesondere dadurch, daß in Politik und Staat relativ wenige aufgrund ihrer Führungserfahrung in der Lage sein werden, die von mir vorgeschlagene Systementwicklung zu erfassen und zu gestalten. – Diese retardierenden Bedingungen sind aber kein prohibitives Hindernis. Wenn man zum Beispiel an die Arbeitsbedingungen in unseren Städten denkt, so ist festzustellen, daß schon heute ein erheblicher Gestaltungsspielraum für Politik und Stadtverwaltung bei der Ausgestaltung ihrer Arbeit besteht. Bei entsprechender Bereitschaft – und die ist in hohem Maße in vielen Städten vorhanden – läßt sich hier unverzüglich mit der Reformarbeit beginnen. Es charakterisiert die Situation, daß sich zunehmend Städte zusammenschließen, um Erfahrungsaustausch und Leistungsvergleiche zu organisieren. Die Verantwortlichen in den Städten aus Politik und Verwaltung wissen sehr wohl, warum sie das tun. Nur durch eine neue Zielsetzung, Organisation und Führungstechnik lassen sich die heutigen Aufgaben und noch vermehrt die der Zukunft lösen. – Die erforderlichen Prämissen für einen Beginn der Reformarbeit in der staatlichen Verwaltung und im öffentlichen Dienst sind vorhanden. In einigen Jahren dürfen wir damit rechnen, daß die Ergebnisse dieses Systems der Leistungsorientierung größte Beachtung finden werden. Ich sehe in dieser wettbewerbsorientierten Ordnung praktisch den einzigen Weg, auch im Staat zu einer zeitgerechten Evolution zu kommen. Das Wissen um Leistungsfähigkeit und Versagen im staatlichen Bereich wird bei den Bürgern die Reaktion auslösen, die systembedingt in einer Demokratie die Politik zum Handeln zwingt. Über Fortschritte im einzelnen wird man auch dann noch nachzudenken haben – wie dies derzeit im Bereich von Wissenschaft und Verwaltung bereits geschieht. Entscheidend ist aber, daß wir den Weg finden zur systemimmanenten Evolution. – Diese Botschaft möchte ich Ihnen heute vortragen: Die Problematik ist lösbar – sowohl methodisch als auch bezüglich der erforderlichen Akzeptanz!

Lassen Sie mich abschließend mein Konzept noch einmal in Thesen präsentieren:

1. Ein systemimmanenter Zwang zum Fortschritt ist durch Leistungsvergleich und Wettbewerb auch im Staat herstellbar. Der Einfluß des durch Leistungsnachweis erzeugten Wettbewerbsdrucks kann sehr wohl mit dem in der Marktwirtschaft verglichen werden.
2. Die durch das Eigentumsrecht ausgelösten Impulse in der Wirtschaft können im staatlichen Bereich nicht nachvollzogen werden. Dafür ist es jedoch nach dem von mir vorgetragenen Systemvorschlag möglich, die Bürger und ihre Repräsentanten aus der Politik mit

Hilfe der Medien in die Entscheidungsfindung einzubeziehen.

3. Die erforderlichen Anreize für Mitarbeiter und Führungskräfte im öffentlichen Dienst können durch leistungsorientierte Rahmenbedingungen und moderne Führungstechnik vergleichbar mit der Wirtschaft gestaltet werden. – Der Grundsatz der Selbstverwirklichung des Menschen in seiner beruflichen Arbeit muß auch im staatlichen Bereich zum Tragen gebracht werden.
4. Das vorgeschlagene System ist zwar schwierig zu entwickeln, dafür aber leicht zu handhaben und leicht verständlich. Führungstechnisch gibt es für Verwaltung und Politik sogar bessere Informationen als das in der Wirtschaft übliche Planungs- und Berichtswesen. Das System macht die Bewertung der öffentlichen Leistungsfähigkeit möglich und erleichtert die Einflußnahme demokratischer Instanzen.

Um eine solche Entwicklung in unserem Lande auszulösen, brauchen wir auf nichts mehr zu warten. In vielen Bereichen öffentlicher und staatlicher Tätigkeit sind schon heute Bedingungen vorhanden, die wenigstens teilweise die Anwendung des von mir vorgeschlagenen Systems erlauben. Die Einführung eines Leistungswettbewerbs im öffentlichen Bereich wird unglaubliche Wirkungen hervorrufen. In nicht zu ferner Zeit werden aufgrund solcher Initiativen dann auch die Politik und der Staat in der Lage sein, die neue Systematik zu kodifizieren.

# Freiheit für den kreativen Menschen[1]

In der Geschichte der Menschheit kamen Ordnungsstrukturen vorwiegend unter dem Einfluß von Macht zustande. Dabei konnte die Macht sowohl auf militärischer als auch geistiger oder wirtschaftlicher Überlegenheit beruhen. – Die Repräsentanten der Macht waren um Ausbau und Erhalt ihrer Position bemüht. Das Bewahren von Tradition und Kultur versprach Sicherheit und Beständigkeit. Gegen äußere Bedrohung hatte man sich zu rüsten. Interne gesellschaftliche Weiterentwicklungen – gleich welcher Art – waren nicht erwünscht. Unter diesen Bedingungen konnte oft über lange Zeiträume der Anspruch vererbter Macht wahrgenommen werden. Dieses Resultat muß allerdings relativiert werden, denn die Stabilisierung

1 Herausgegeben im Verlag Bertelsmann Stiftung, 1995.

der Ordnungsstrukturen war mit Unfreiheit und mit einem niedrigen Bildungs- und Lebensstandard verbunden. Die Lern- und Entwicklungsfähigkeit solcher Kulturen war, gemessen am Zeitbedarf, sehr gering.

Unsere Zeit hat für den Erfolg von Gesellschaftsordnungen und Kulturen andere Prämissen geschaffen. Nicht mehr die Bewahrung des Überlieferten ist die gesellschaftlich dominierende Zielsetzung, sondern das Erreichen von mehr Wohlstand, Bildung, Gerechtigkeit und Selbstverwirklichungschance. Als gesellschaftlicher Rahmen für dieses neue Zielverständnis wurde die Demokratie etabliert. Es oblag den demokratischen Regierungen, Ordnungen und Politik nach dem Willen ihrer Wähler zu gestalten. – Aus der Natur der Sache heraus mußte dabei ein Kompromiß zwischen Absicherung und Fortschritt erreicht werden.

Das neue gesellschaftliche Zielverständnis stellte die überkommenen Machtstrukturen in Frage. Nur bei inhaltlicher Akzeptanz und ausgewiesener Fähigkeit werden heute Führungsansprüche legitimiert. Überkommene Besitzstände können immer weniger verteidigt werden, wie wir das z. B. auch bei den staatlichen Strukturen beobachten. Dieser gesellschaftliche Wandel verlangt von den Menschen unserer Zeit einen ungeheuren Lernprozeß in – geschichtlich betrachtet – sehr kurzer Zeit. Die Schnelligkeit des Wandels liegt dabei nur teilweise in der Entscheidungskompetenz nationaler gesellschaftlicher Ordnungen. Die Welt ist in vielen Lebensbereichen längst eine Einheit geworden, die auf nationale Eigenständigkeiten wenig Rücksicht nimmt. Ganz besonders gilt das für die unseren Lebensstandard bestimmende Leistungsfähigkeit der Wirtschaft. Heute ist unser Land in vollem Umfang dem internationalen Wettbewerb ausgesetzt. Es erfährt dabei sowohl große wirtschaftliche Möglichkeiten als auch Leistungszwänge und eine zunehmende Begrenzung der eigenen politischen Handlungsmöglichkeiten.

In früheren Jahrzehnten hat die Leistungsfähigkeit unserer Gesellschaft ebenso wie unsere Lernfähigkeit die sich abzeichnende Internationalisierung nicht als Bedrohung empfunden. Inzwischen haben wir jedoch erfahren müssen, daß nicht nur der wirtschaftliche Konkurrenzkampf, sondern auch die geistige Entwicklung und die Ausgestaltung unserer politischen Ordnung zu einer Beeinträchtigung unserer Wettbewerbsfähigkeit führen können. – Die gesamte gesellschaftliche Ordnung in unserer Zeit ist zu hinterfragen, wenn die wirtschaftliche Wettbewerbsfähigkeit gefährdet erscheint. Wir müssen zur Kenntnis nehmen, daß aus dem früheren Wettbewerb der Volkswirtschaften längst ein ganzheitlicher Wettbewerb der gesellschaftlichen Ordnungssysteme entstanden ist. – Die Entwicklungen der letzten Jahre in unserem Lande werfen die Frage auf, ob in dieser Hinsicht nicht möglicherweise ebenso großer Reformbedarf besteht wie in bezug auf die Wirtschaft.

## Kreativität in der Wirtschaft

In einer Zeit des Wandels und des Wettbewerbs müssen wir uns Rechenschaft ablegen über unsere Stärken und Schwächen. In bezug auf die wirtschaftliche Entwicklung unseres Landes in diesem Jahrhundert hat nach meiner Überzeugung die Kreativleistung des Unternehmers eine überragende Rolle gespielt. Die Wahrnehmung von Gestaltungsmöglichkeiten mit neuen Produkten in erweiterten Märkten muß als eine exemplarische Führungsleistung gewertet werden. Keine andere heutige Führungskonzeption in der Wirtschaft hat diese Effizienz bei der Koordination von Einflußfaktoren erreicht. – Nur als historische Anmerkung: Als schlechteste Führungsvariante erwies sich die Kombination staatlicher Wirtschaftslenkung mit autoritären Führungsstrukturen.

Die gesellschaftspolitisch notwendige Begrenzung des liberalen Kapitalismus zeichnet nicht allein dafür verantwortlich, daß die unternehmerische Führungstechnik in unserer Zeit zunehmend versagt. Die Anforderungen an die Unternehmensführung sind enorm gestiegen. Kompliziertere Aufgabenstellungen, härtere Konkurrenzbedingungen und ein hoher Innovationszwang überfordern oft die Führungsspitze unserer Unternehmen. Die kritische Situation vieler mittelständischer Unternehmer verdeutlicht diesen Prozeß. – Die politisch zu vertretende Wahrnehmung gesellschaftlicher Belange hat die Möglichkeit des Unternehmers zur Eigenkapitalbildung stark eingeschränkt. Die theoretische Alternative mit Hilfe einer Kapitalgesellschaft hat mit den Prämissen unternehmerischer Arbeitsweise kaum noch etwas gemein. Täglich erfahren wir, daß das Kapital nicht mehr führungsfähig ist und andere Ziele verfolgt als die Exekutive.

Angesichts dieser Entwicklungen und der daraus resultierenden unzureichenden Leistungsfähigkeit der deutschen Wirtschaft erhebt sich die Frage, ob es weiterführende

Wirtschaftskonzepte oder Führungsalternativen gibt. – Wir sollten bei diesen Überlegungen die Möglichkeiten staatlicher oder politischer Interventionen nur begrenzt bewerten!

In den großen deutschen Aktiengesellschaften hat man sich in der Vergangenheit bemüht, mit Hilfe der vom Aktiengesetz vorgegebenen Formen des Kollegialvorstandes durch Aufgabenverteilung zu einer besseren Führungsleistung zu kommen. Die Position des Vorstandsvorsitzenden wurde dabei unterschiedlich wahrgenommen: mal in der hergebrachten Form der unternehmerischen Führung, mal eher im Sinne eines Koordinators. Der zunehmend erkennbaren Problematik einer größer werdenden Entfernung der Hierarchiespitze vom Marktgeschehen begegnete man mit einer Verfeinerung des Planungs- und Berichtswesens. In dieser Entwicklung war der Trend zur Bürokratisierung mit all seinen Nachteilen unverkennbar. – Dieser Führungsstil mit seinem hohen Zeit- und Koordinationsbedarf war der nicht sachgerechte Versuch, angesichts veränderter Aufgabenstellungen einen Ausweg zu finden. Von einer qualitativen Weiterentwicklung gegenüber der unternehmerischen Führungstechnik kann dabei aber keine Rede sein! Der Unternehmer koordinierte und gestaltete die auf dic Unternehmensleistung einwirkenden Faktoren schnell und sachgerecht. Die heutige Entwicklung muß als gescheiterter Versuch der Systemfortschreibung charakterisiert werden. – Zu dieser Misere hat die Spaltung der Exekutivfunktion vom Kapitalbesitz erheblich beigetragen. Die Bestimmungen des Aktiengesetzes in bezug auf die Tätigkeit des Aufsichtsrates dienen vielleicht der Sicherung des Kapitals; für die unternehmerische Bewältigung der Führungsaufgaben sind sie nicht hilfreich! – Sicherlich ist es sehr viel schwieriger geworden, bei den Entscheidungen alle relevanten Faktoren und Interessen einzubeziehen. Die bisherigen Fortschreibungsversuche sind aber unzureichend.

Angesichts dieser führungstechnischen Misere ist die Frage aufzuwerfen, ob aus der ursprünglich so erfolgreichen unternehmerischen Führungstechnik nicht doch Elemente für eine kreative und effiziente Aufgabenbewältigung abgeleitet werden können. Es ist unzweifelhaft, daß wir mit unseren derzeitigen Methoden der Führungstechnik die anstehenden Aufgaben nicht bewältigen können, weder in der Wirtschaft noch in der staatlichen Verwaltung! – Was wir angesichts der gegenwärtigen Erfordernisse des Marktes brauchen, sind Führungskräfte, die in überschaubaren Einheiten des Unternehmens in der Lage sind, schnell und kreativ auf neue Gegebenheiten zu reagieren. Die Führungstechnik der Dezentralisierung und der Delegation der Verantwortung muß dazu konsequent angewandt werden. Die zuständigen Geschäftsführer brauchen unternehmerischen Freiraum – und auch das Recht, Fehler zu machen und daraus zu lernen. In ihren Profitcentern sollten sie eigenes Geld investieren und so die Steuerungsfunktion und Interessenlage des Kapitals in unternehmerischer Weise erfahren. Das gilt sowohl für Anreize als auch für Sanktionen! – Die Führungsfunktionen an der Spitze eines großen Unternehmens erhalten dann einen anderen Charakter. Die Unternehmensleitung kann sich vermehrt mit Strategie, Grundsatzbildung, Koordination und Kontrolle befassen. Auch diese Funktionen bedürfen unternehmerischer Erfahrung!

Die in unserem eigenen Unternehmen gemachten Erfahrungen bestätigen in hervorragender Weise die dargestellte führungstechnische Möglichkeit. Zugleich werden bei einem solchen Einsatz von Führungskräften statt Managern »Unternehmer« herangebildet, welche die sachgerechte Gestaltung und Kombination aller Einflußfaktoren beherrschen. Zur Sicherung der Leistungsfähigkeit und der Kontinuität eines Unternehmens sind diese unternehmerischen Führungskräfte von besonderer Bedeutung.

Die Frage ist aufzuwerfen, warum eine solche Art des Einsatzes von Führungskräften nicht schon häufiger erfolgt. Mehrere Gründe möchte ich dazu aufführen:

- Viele große Firmen – ähnlich wie die staatliche Verwaltung – glauben, mit zentralistischer Führung und einer Vielzahl von Vorschriften Fehler vermeiden zu können. Man traut den untergeordneten Führungskräften die eigenständige Problemlösung nicht zu und verhindert damit den unternehmerischen Lernprozeß!
- Die Kapitaleigner möchten häufig den Kapitalertrag nicht teilen und verhindern in Wirklichkeit die Verbesserung ihrer Gewinnchance.
- Oft befürchten Kapitalgeber und Manager eine Komplizierung der Kapitalstruktur durch die Beteiligung von Führungskräften. – Diese Problematik ist in der Praxis ganz einfach zu vermeiden.

Wenn in unserer Zeit immer wieder über den Verlust unternehmerischer Kompetenz geklagt wird, liegt das wohl auch an geänderten und schwierigeren Arbeitsprämissen, aber vor allem an unserem Unvermögen, das vorhandene Kreativpotential in der Führung unternehmerisch auszubilden und einzusetzen. Wir müssen begreifen, daß heute – und vermehrt in der Zukunft – die Qualität die wichtigste Erfolgskomponente unserer Führung darstellt. Die Führungsbefähigung wird sich dabei weniger in perfektioniertem Wissen als in kreativer Begabung und Gestaltungskraft ausdrücken. Für diese Menschen bedeutet sicherlich die Hochschulbildung ein nützliches Werkzeug. Ihre eigentliche Ausbildung müssen sie aber in der Praxis der Wirtschaft erfahren. Nur hier können sie ihre unternehmerische Befähigung erlernen und beweisen. Dies gilt insbesondere, vermehrt in der Zukunft, für ihre Fähigkeit, Menschen zu führen. – Nicht »Kapital und Arbeit« werden in der Zukunft das Schicksal unserer Wirtschaft bestimmen, sondern das große unerschlossene Potential kreativer und unternehmerischer Menschen. Ihre Führungslegitimation wird nicht mehr der Kapitalbesitz sein, sondern ihre Befähigung zu unternehmerischer Führung.

Zusammenfassend meine Auffassung zum Problem der Führung im Großunternehmen: Wir müssen das vorhandene Kreativpotential für die Führung in unserer Wirtschaft wieder entdecken, erschließen und einsetzen. Anders formuliert: Wir müssen dem kreativen Menschen wieder Freiheit gewähren!

Daß ein solcher Einsatz von Führungskräften möglich und erfolgreich ist, habe ich selbst erfahren. Ich muß aber an dieser Stelle darauf hinweisen, daß dazu einige Prämissen gegeben sein müssen:

- Nur bei einer sorgfältigen Personalarbeit im Bereich des Führungskräftenachwuchses tritt der Erfolg ein! Bei der Auswahl von Führungskräften muß die Persönlichkeitsstruktur höher bewertet werden als die Hochschulzeugnisse!

- Freiheit aufgrund delegierter Verantwortung setzt eine Identifikation mit der Aufgabenstellung voraus. Durch die Definition der Zielsetzung, das Führungsverhalten und die materielle Vergütung müssen diese Grundlagen der Motivation geschaffen werden.
- Gute Führungskräfte stellen Ansprüche an ihre Karriere. Das regelmäßige Personalgespräch muß Klarheit über die Zukunft schaffen.

Während wir in den Großbetrieben wieder zu einem unternehmerischen Führungsstil zurückfinden sollten, geht es bei den kleineren und mittelständischen Betrieben um die Bewahrung der unternehmerischen Führungstechnik. Auch in diesen Betrieben ist es angesichts veränderter Aufgabenstellungen notwendig zu delegieren und die dazu erforderlichen Voraussetzungen der Motivation zu schaffen. Die Einwände der Unternehmer gegen die Delegation der Verantwortung oder auch Beteiligungsregelungen sind mir bekannt. Ich halte diese Auffassungen für verständlich – aber für falsch! Auch der mittelständische Unternehmer sollte bemüht sein, die kreative Befähigung seiner Mitarbeiter zur Geltung zu bringen – und die führungstechnischen Voraussetzungen dafür zu schaffen. – Die »Investitionen« in Menschen sind die erfolgreichsten – und am ehesten geeignet, die Unternehmenskontinuität zu sichern!

## Kreativität im Staat

Ich möchte nun die Frage untersuchen, ob im Bereich unseres Staates mit seinen vielerlei Dienstleistungsfunktionen die vorstehenden Gedanken in ähnlicher Weise berücksichtigt werden können. – Daß die Leistungsfähigkeit unseres Staates ebenso wie sein Finanzbedarf unbefriedigend ist, dürfte der vorherrschenden Auffassung in unserem Lande entsprechen. Wie ist es zu dieser Situation gekommen?

Daß Gesellschaften ohne sachgerechte Ordnungen nur schlecht leben können, ist international an vielen Beispielen zu belegen. Den ursprünglichen Vorschriften unseres Staates lag das Ziel zugrunde, Ordnung und Gerechtigkeit für jedermann zu gewährleisten. Diese Aufgabe wurde nach meiner Auffassung zu seiner Zeit in unserem Lande in recht guter Weise bewältigt. Die Ordnung erfüllte allerdings nur solange ihren Zweck, wie stabile Prämissen bestanden. Solche Voraussetzungen sind in unserer Zeit nicht mehr gegeben. So reicht es für unseren Staat nicht mehr, Ordnung zu wahren; wir müssen vielmehr auch im Kompetenzbereich unseres Staates – bei einer Staatsquote vom Bruttosozialprodukt von nahezu 50 Prozent – evolutionsfähig und effizient arbeiten. Andernfalls erschweren wir die Handlungsfähigkeit der Politik ebenso wie die Wettbewerbsfähigkeit unserer Wirtschaft.

Wenn wir für die Wirtschaft das Prinzip der Dezentralisierung und unternehmerischen Freiraum fordern, stellt sich die Frage, in welcher Weise unser Staat reformiert werden kann – ohne die Vorgaben der Ordnungsmäßigkeit und des gleichen Rechts aller Bürger zu gefährden.

Der Gleichheitsanspruch der Bürger führte in der Vergangenheit bei der Weiterentwicklung staatlicher Dienstleistungen und Vorschriften zu einer perfektionistischen Vorgabe der Ziele sowie der Zielerreichung. Eine gar nicht mehr zu übersehende Flut von Gesetzen und Vorschriften bewirkte, daß weder die verantwortlichen Staatsdiener noch die anspruchsberechtigten Bürger beurteilen konnten, was zu tun war bzw. wer was zu bekommen hatte. Seit geraumer Zeit ist der Gesetzgeber nicht mehr in der Lage, die Folgen der Durchführbarkeit seiner Anordnungen richtig zu beurteilen. Insbesondere können das nicht die Politiker, denen die entsprechende Erfahrung in der Umsetzung fehlt. Daß die Öffentlichkeit mit diesem unsinnigen, zeitraubenden und teuren Procedere unzufrieden ist, darf nicht verwundern. Nicht gleiches Recht für alle wird heute praktiziert – sondern allgemeine Ineffizienz, Kompliziertheit und Rechtsunsicherheit. Die ursprüngliche Begründung für die Ausgestaltung staatlicher Arbeitsweise hat ihre Berechtigung verloren!

Es ist lohnend zu prüfen, warum unsere Wirtschaft nicht in ein gleiches Dilemma geraten ist. – Das Konzept der Marktwirtschaft zielte auf Leistung und Evolutionsfähigkeit – zum Wohle der Bevölkerung. Weltweit wird heute akzeptiert, daß die ethische Qualität der Marktwirtschaft höher zu bewerten ist als der humane Anspruch früherer Versuche einer staatlichen Verteilungs- und Planwirtschaft. – Wir sollten prüfen, ob diese Erfahrungen uns einen Hinweis geben können für die offensichtlich notwendige Reform staatlicher Tätigkeit!

Der überwiegende Teil staatlicher Aufgaben kann als Dienstleistungsauftrag zugunsten der Bevölkerung interpretiert werden. Die zu erbringenden Leistungen müssen in unserer Zeit bei sich ständig verändernden Prämissen im Sinne eines optimalen Services zeitnah verändert werden, wie das im Bereich der Wirtschaft kontinuierlich geschieht. Die wesentliche Erklärung dafür, daß gleichartige Entwicklungen im Staat nicht eintreten, liegt in der einfachen Tatsache begründet, daß der Staat und seine Organe keinem spürbaren Wettbewerbsdruck ausgesetzt sind. Der langfristig wirkende Wettbewerb der Ordnungssysteme bringt für die aktuelle Situation keine hinreichenden Anstöße.

Diese Überlegung führt zu der Frage, ob es vielleicht nicht doch möglich ist, auch im Staat Wettbewerb auszulösen, und zwar, ohne die Grundsätze der Ordnungsmäßigkeit und gleichen Rechte aufzugeben. Dazu ist es notwendig, die Vorschläge zu interpretieren, staatliche Leistungen zu privatisieren. Ich glaube in der Tat, daß man große staatliche Bereiche mit solchen Maßnahmen reformieren kann. Große Zweifel habe ich aber, ob ein Soll- und Privatisierungskonzept bei vielen Funktionen – wie z.B. beim Stadtmanagement, im Bildungswesen, im Gesundheitsbereich usw. – durchgängig und mit Vorteil zu verwenden ist. – Es besteht jedoch für mich kein Zweifel, daß man mit entsprechender Führungstechnik und der Nutzung von Bewertungskriterien auch im Staat leistungsorientiert führen kann. Diesen Beweis haben wir in der Bertelsmann Stiftung bei einer Vielzahl von Projekten erbracht. Alle staatlichen Leistungen können mit Hilfe von Effizienz- und Qualitätskriterien gemessen und bewertbar gemacht werden. Wir wissen, daß sich die wünschenswerten Wirkungen des Wettbewerbs dann auch im staatlichen Bereich herstellen lassen. Öffentliche Betriebsvergleiche und der Zwang zur detaillierten Jahresberichterstattung würden kurzfristig klarstellen, welche Leistungen für den Bürger in seiner Stadt gut und welche schlecht erbracht werden.

Daß die Ergebnisse eines solchen Leistungsvergleiches – von der Presse kommentiert – einen erheblichen politischen Druck auf die Verantwortlichen auslösen würden, ist unschwer vorstellbar. Die Presse würde mit dem allergrößten Vergnügen die Leistungen ihres Stadtmanagements für jeden Bürger verständlich kommentieren. Die Bürger wiederum würden im Sinne ihrer demokratischen Rechte bei ihren Repräsentanten Rechenschaft einfordern. Denn wer will in seiner Stadt schon schlechter bedient werden als anderswo? – So gibt es für mich keinen Zweifel, daß die Effizienz der Marktwirtschaft mit einer anderen Systematik auch im Staat ausgelöst werden kann.

Die Verwendung einer solchen Systematik erfordert allerdings auch eine andere Führungstechnik und andere Führungspersönlichkeiten. Unser Gesetzgeber müßte lernen, Vorschriften zu erlassen, die sich auf das Wesentliche konzentrieren und erfüllbar sind. – Ich weiß wohl, daß solch eine Zielsetzung das Beschreiten eines weiten Weges beinhaltet. Aber ich weiß auch, daß dieser Weg gangbar ist. – In den USA gibt es in dieser Hinsicht verblüffende Vorbilder!

Eine andere wesentliche Konsequenz hätte der Betriebsvergleich auch im Staat: Man würde plötzlich deutlich und für jedermann sichtbar erkennen, wo gut und wo schlecht geführt wird. In der Wirtschaft sind wir überzeugt, daß der Unternehmenserfolg von der Qualität der Führung abhängt. Im Staatsmanagement wäre das bei leistungsorientierter Führung nicht anders. – Bei entsprechenden Arbeitsbedingungen und Zielsetzungen würden sich dann aber auch solche Führungskräfte für die Aufgaben im Staat interessieren, welche die notwendige Kreativität und das unternehmerische Gestaltungsvermögen mitbringen.

Fazit: Meine Ausführungen über die Bedeutung der Kreativen für den Erfolg der Wirtschaft treffen in diesem Sinne in vollem Umfang auch auf den Staat zu. Wenn derzeit im Staat noch viel zu wenige Führungskräfte der notwendigen Qualifikation vorhanden sind, liegt das in erster Linie an der Antiquiertheit des Systems. Welche gute Führungskraft plant schon ihre Karriere in einem Bereich, der wenig Chancen bietet und Ergebnisse so schlecht honoriert? – Wenn wir aber den Mut haben, unseren Staat im Sinne der Leistungsorientierung zu reformieren, werden sich die notwendigen Führungskräfte auch einstellen. Auch im Staat wird es dann heißen: »Freiheit für den kreativen und unternehmerischen Menschen!«

Daß die Realisierung einer solchen Reform schwierig ist, kann niemand bestreiten. Der zuständige Dienstherr des Staates, die Politik, hat in diesem Bereich der Führungstätigkeit keine Erfahrung. – Trotzdem: Wir sind gezwungen, in unserem Staat Arbeitsbedingungen zu schaffen, die Motivation und Leistung auslösen und für Kreative einen Anreiz darstellen. – Zur Zeit mag unsere Einsichtsfähigkeit und Handlungsbereitschaft zu einer solchen Reform noch unzureichend ausgebildet sein. Trotzdem – es gibt Zeichen, die Hoffnung auf Wandel und Fortschritt rechtfertigen! Der immer deutlicher und drängender werdende globale Wettbewerb der Systeme wird dafür sorgen, daß auch unser Staat aus seiner Lethargie erwacht. Diese existenziellen Zwänge werden uns mit großer Wahrscheinlichkeit schneller voranbringen als unsere Einsichtsfähigkeit.

## Kreativität in der Politik

Daß sich die Bedingungen für den Aufgabenbereich der Politik wesentlich geändert haben, ist offenkundig. Heute muß die Frage gestellt werden, ob die Fähigkeit der Politik zur Bewältigung dieser Führungsaufgabe ausreicht – und ob im Bereich der politischen Systementwicklung genügend Fortschritte gemacht werden. Die Situation in unserem Lande, ebenso wie in vielen anderen westlichen Demokratien, spricht keineswegs für eine ausreichende Führungsfähigkeit. Zwar gibt es im internationalen Vergleich einige Beispiele guter demokratischer Ordnung, insgesamt erscheinen mir aber in bezug auf die westlichen Demokratien die vom Club of Rome formulierten Bedenken und Zweifel zur Führungsfähigkeit gerechtfertigt.

Es ist notwendig, darüber nachzudenken, warum gerade im Bereich der Politik eine Fortschreibung im Sinne von Sachgerechtigkeit, Effizienz und Führungsfähigkeiten nicht gelingt. Dem Grunde nach soll doch gerade das demokratische Ordnungssystem entsprechend dem Willen der Bürger Flexibilität ermöglichen. Bei gravierenden politischen Richtungsentscheidungen gewährleistet das Parteiensystem in der Tat den Wandel. Aber solche Richtungsänderungen kommen zumeist erst dann zustande, wenn Fehlsteuerungen gravierende Mißstände verursacht haben und die Folgen für die Wähler spürbar geworden sind. Dieser Prozeß nimmt nicht nur zuviel Zeit in Anspruch, sondern die Komplexität der Sachverhalte bedingt, daß der Wähler die Hintergründe der Entwicklungen gar nicht versteht. Am Ende entscheidet im Meinungsbildungsprozeß dann nicht das bessere Argument, sondern die Eloquenz der Interpretation und möglicherweise auch das Vertrauen in die politischen Leitfiguren. Im Hinblick auf die Kritik des Zeitbedarfs und geringer Effizienz wird routinemäßig geantwortet, daß diese Übel systemimmanent seien. – Mir scheint, daß eine solche Antwort unbefriedigend und falsch zugleich ist. Viele politische Führungsentscheidungen werden nämlich durch den Zeitablauf nicht besser. Falsche Zielvorstellungen, ein unrichtiges Menschenbild und mangelnder Mut zur Ordnungspolitik begründen viel eher die Defizite politischen Handelns. Das Streben der Politiker nach Beliebtheit und Wählerstimmen dominiert heute deutlich vor notwendigen Kurskorrekturen und der Durchsetzung wichtiger Problemlösungen. Im politischen Bereich haben wir nicht mehr den Mut und die Befähigung, unsere demokratische Gesellschaftsordnung kritisch zu analysieren und konstruktiv fortzuschreiben. Das Ausruhen auf Erfolgen in der Vergangenheit, auf Gewohnheiten und Besitzständen ist in bezug auf unsere Zukunftsfähigkeit unverantwortbar!

Wir müssen uns die Frage stellen, wie wir aus dieser Misere als Folge einer unterbliebenen Systemfortschreibung wieder herauskommen. Welche gedanklichen Ansätze gibt es im Bereich demokratischer Führung – vielleicht im Ausland –, die weiterführend sind? Denn es ist meine feste Überzeugung, daß nicht das politische System der Demokratie in Frage zu stellen ist, sondern seine Handhabung!

Über die Systemfortschreibung nachzudenken, ist deshalb eine der dringlichsten gesellschaftlichen Aufgaben. Zunehmend verlieren nämlich unsere Bürger das Vertrauen in die Funktionsfähigkeit ihrer demokratischen Ordnung und in deren Repräsentanten. In einer Zeit des globalen Systemwettbewerbs können wir es uns nicht leisten, das zentrale Ordnungssystem unserer Gesellschaft in dem heutigen Zustand zu belassen. – Ich bin überzeugt, daß zu der anstehenden Reform viele gedankliche Beiträge erforderlich sind. Nachstehend möchte ich nur die Möglichkeit analysieren, ob vermehrte Kreativimpulse auf einer Basis besserer Urteilsfähigkeit beruhen.

## 1. Beispiel: Lernen aus der Entwicklung der Führungstechnik

### *Wiederherstellung der Führbarkeit und Evolutionsfähigkeit in Großorganisationen*

Eine zu verallgemeinernde Erfahrung moderner Führungstechnik besagt, daß hierarchisch verfaßte Großorganisationen den permanenten Wandel und die Aufgabenkomplizierung in unserer Zeit nicht bewältigen können. Der Untergang der Denkmodelle der Planwirtschaft ebenso wie das hierarchisch verfaßte Ordnungskonzept des wissenschaftlichen Sozialismus sprechen eine eindeutige Sprache. – Wir sollten uns fragen, ob sich aus dieser gedanklichen Parallele zur Wirtschaft möglicherweise ein Hinweis auf einen Dezentralisierungsbedarf in Politik und Staat ableiten läßt.

Im Bereich der staatlichen Ordnung war früher das Gebot der Ordnungsmäßigkeit unter relativ statischen gesellschaftlichen Bedingungen fraglos erstrebenswert. Heute ist diese Zielsetzung nicht mehr ausreichend! Wir müssen zusätzlich zur Ordnungsmäßigkeit im Staat auch die Fähigkeit zur Effizienz und Methodenfortschreibung verlangen. Diese Aufgabenstellung kann eine Hierarchiespitze nicht bewältigen! Ähnlich wie in der Wirtschaft müssen auch in der staatlichen Verwaltung die Verfahren dort fortgeschrieben werden, wo die zuständigen Behörden aus eigener Erfahrung den Sachverhalt kennen. Der Staat muß dazu dort Freiraum gewähren! Zwar muß die Politik wie bisher die Ziele vorgeben, aber der optimale Weg zur Zielerreichung muß auf der unteren Führungsebene entwickelt werden. Dabei muß das Vorgehen der Behörden in bezug auf den angestrebten Erfolg meßbar gestaltet und im Rahmen eines Betriebsvergleichs bewertbar gemacht werden. – Der Betriebsvergleich bietet darüber hinaus den für die Methodenfortschreibung unschätzbaren Vorteil des Wettbewerbs! – Die obere Hierarchie muß sich zu dieser Form der Delegation der Verantwortung entscheiden. Ihr verbleibt mit der Zuständigkeit für die Zieldefinition und Kontrolle die entscheidende Steuerungsverantwortung.

Für den Bereich der Politik sind ähnliche Konsequenzen zu ziehen. Auch dort sind die Bedingungen für die Fortschreibung des demokratischen Systems denkbar schlecht. Dieser Mißstand ist aber keineswegs unabänderlich und demokratiebedingt, sondern ein Versäumnis der Verantwortlichen, welches auf mangelnder Einsicht in moderne Führungstechnik beruht. – Ich vermute, daß der Weg bis zur Schaffung von Freiräumen und weiterführenden Arbeitsbedingungen für den Kreativen in der Politik vermutlich noch weiter sein wird als im Staat.

## 2. Beispiel: Einführung von Wettbewerb als Reformauslöser

Die wichtigsten Anstöße zum Fortschritt beruhen weniger auf neuen Einsichten, sondern auf Zwängen, die der Wettbewerb bzw. der Wille zu Fortschritt und Existenzsicherung auslöst. In der Wirtschaft wird uns im Zeitalter der offenen Märkte die unglaubliche Wirksamkeit des Wettbewerbs zur Gewährleistung von Effizienz und Fortschritt drastisch demonstriert. Die Zwänge zum Handeln und die Geschwindigkeit der Evolution fordern von den Menschen eine früher nie gekannte Anpassungsbefähigung. – Bei diesem Prozeß treten sicherlich auch Fehler auf. Trotzdem ist die überwiegende Mehrheit der Menschheit überzeugt und bereit, den Weg mitzugehen. Schließlich möchte jeder besser leben!

Der Wettbewerb in der Wirtschaft setzt die Meßbarkeit und Vergleichbarkeit der Leistungen voraus. Dafür sind in der Wirtschaft sehr qualifizierte Instrumente entwikkelt worden. Alles spricht unter diesen Bedingungen für eine weitere Evolution.

Im Staat ist in bezug auf die von ihm zu erbringenden Leistungen die Herstellung von Bewertbarkeit oder die Einführung von Wettbewerb traditionell nicht üblich. Entsprechend registrieren wir bei allen Staaten dieser Welt unglaubliche methodische Rückstände, die den Bürger belasten und ihm unnötig hohe Kosten aufbürden. – Es ist sehr befriedigend, daß in unserer Zeit die staatlichen Verwaltungen beginnen, darüber nachzudenken, ob die Grundsätze leistungsorientierter Führung, eines öffentlichen Ergebnisvergleichs – und damit der Auslösung von Wettbewerb – eingeführt werden können. Eine solche Entwicklung hätte gleichzeitig mehrere positive Wirkungen: Die staatlichen Leistungen werden besser und billiger. Die Grundlagen für eine Delegation der Verantwortung – und damit für Evolution – werden geschaffen, und die systemimmanente Sicherung des Fortschritts ist gewährleistet. – Wenn wir es dann auch noch erreichen, die Arbeitsbedingungen für den kreativen Menschen im Staat herzustellen, wird es sehr wohl möglich sein, die Evolutionsfähigkeit der Wirtschaft auch im staatlichen Bereich zu erreichen.

### *Sind Adaptionen im politischen Bereich möglich?*

Wenn – wie wir gesehen haben – der Leistungsvergleich eine wirksame Prämisse des Wettbewerbs ist, könnte man in bezug auf das politische System der Demokratie argumentieren, daß dort der Wettbewerb durch die Vielfalt der politischen Parteien gewährleistet ist. In Grenzen wäre eine solche Argumentation fraglos richtig. Aber gerade diese Grenzen bedürfen der Analyse, weil die Leistungen des demokratischen Ordnungssystems heute in mancher Hinsicht nicht mehr befriedigen. Ähnlich wie in bezug auf die Führung in der Wirtschaft muß deshalb die Frage aufgeworfen werden, welche Prämissen der gesellschaftlichen Ordnung sich verändert haben und wie – möglichst auf Dauer – eine Systemfortschreibung ausgelöst werden kann.

Zu der Frage, ob der politische Wettbewerb der Parteien hinreichende Erneuerungsimpulse vermittelt, wäre zuvor zu untersuchen, ob der Bürger den ihm zugedachten Steuerungseinfluß sachgerecht einbringen kann. Zusätzlich wäre die Frage zu stellen, ob dieser Prozeß zeitlich zu beschleunigen ist. – Wenn wir diese Ziele anstreben, müssen wir insbesondere untersuchen, ob der Bürger überhaupt hinreichende Grundlagen für die von ihm zu treffenden Entscheidungen besitzt. – Woran kann der Bürger z.B. die Qualität der Arbeit politischer Instanzen und Parteien messen? In gewisser Weise ist dies sicherlich möglich an Zieldefinitionen einerseits und der persönlichen Vertrauenswürdigkeit der Repräsentanten andererseits. Dagegen ist es für den Bürger fast unmöglich, behauptete Resultate politischer Arbeit zu überprüfen und richtig zu bewerten; dies um so mehr, als es zur Routine der westlichen Demokratien geworden ist, die finanziellen Folgen politischer Fehlsteuerungen mittels Kreditaufnahme zu verschleiern.

Wie kann der Bürger also politische Programme und ihre Auswirkungen hinreichend bewerten, wenn er über die Ergebnisse politischer Entscheidungen keine sachgerechte Übersicht erhält? Wie kann der Bürger bei der heute üblichen Art politischer Bilanzierung überhaupt Leistungen von Versagen unterscheiden? Diese Bewertung ist sachlich schon schwierig genug. Sie wird aber geradezu zu einem Ratespiel, wenn in unseren Wahlkämpfen mit völlig unrealistischen Parolen und Versprechungen geworben wird. Der Bürger hat bereits begriffen, daß er sich auf solche Versprechungen nicht verlassen kann – aber wie soll er Politikprogramme denn beurteilen? – Ist Demokratieverdrossenheit seine einzige Alternative?

Ein aus dem Systemvergleich von Wirtschaft und Staat resultierender Schluß zu diesem Problem scheint mir in der Verbesserung der Berichterstattung über politische Erfolge und Leistungen zu liegen. – Ein mich sehr beeindruckendes Beispiel habe ich in dieser Hinsicht in der politischen Führung und Berichterstattung in amerikanischen Städten sowie in Neuseeland kennengelernt. Zeitnah und umfassend wird dort der Bürger informiert – und um seine Meinung gefragt. Die Ergebnisse einer solchen lebendigen Demokratie sind erstaunlich! Die Bürger identifizieren sich mit ihrer Stadt und dem demokratischen System. Sie übernehmen Verantwortung und sind zufrieden. – Daß unter solchen Bedingungen der Wettbewerb der Parteien nicht auf Versprechen und Demagogie beruht, sondern daß Fakten zählen, ist leicht zu verstehen. Dort ist es gelungen, die demokratisch gewollte Einflußnahme der Bürger auf die Stadtpolitik zu realisieren und gleichzeitig den kommunalpolitischen Dialog von den bei uns üblichen demagogischen Überspitzungen zu befreien.

Ein weiteres Ergebnis dieser Art verständlicher politischer Führung wäre eine bessere Einschätzung der Befähigung der politisch Verantwortlichen. Hier tut sich eine Möglichkeit zu einer sachgerechten politischen Personalarbeit auf. – Der griechische Philosoph Platon meinte vor 2400 Jahren, ein demokratischer Politiker müsse sich zuvor in einer Aufgabe bewährt haben. Das Prinzip der in Amerika praktizierten leistungsorientierten Führung mit dem verständlichen Nachweis der Resultate wäre ein Beitrag in diesem Sinne. – Wenn wir uns dann auch noch – ähnlich wie es jetzt in den USA versucht wird – entschließen könnten, Budgetdefizite der öffentlichen Hand per Verfassung zu verbieten, würden wir eine auf Leistung und Verantwortung beruhende, sehr viel wirksamere politische Führung erhalten.

Wer meiner Argumentation in diesem Zusammenhang entgegenhalten möchte, daß solche Lösungen in Deutschland nicht realisierbar sind, verkennt die Situation. Wenn wir andere Gewohnheiten praktizieren, heißt das noch lange nicht, daß wir sie nicht ändern können! Für mich gibt es keinen Zweifel, daß der politische Wettbewerb ebenso effektiv und sachgerecht gestaltet werden kann, wie wir es jetzt im Bereich der staatlichen Verwaltung vorsichtig umzusetzen versuchen.

Daß eine solche Systemfortschreibung vom politischen Establishment getragen wird, kann ich mir nicht gut vorstellen. In unserer politischen Hierarchie hört man viel von unterschiedlicher Politik und wenig von der Systemfortschreibung. – Wahrscheinlich müssen Außenseiter und Bürger mit Führungserfahrung hier die Initiative ergreifen. – Als der Präsident John F. Kennedy im Jahre 1963 an der Berliner Mauer sagte, »Freiheit ist ansteckend« (»Liberty is catching«), hat mich diese Voraussage beeindruckt. Ich möchte hoffen und wünschen, daß die zunehmenden Möglichkeiten unserer Bürger, an internationalen Erfahrungen der Demokratiegestaltung teilzunehmen, in ähnlicher Weise zu weiterführenden Konsequenzen führen. Ein solches Procedere wäre in unserer Zeit nicht nur demokratisch, sondern auch von der Systematik her erfolgversprechend. Nicht die politischen Spitzen werden die Reform des demokratischen Systems tragen, sondern die Erkenntnisse der kritischen, kreativen und konstruktiven Bürger unseres Landes.

Um auf diesem Wege voranzukommen, wird es sich empfehlen, entsprechende Versuche der Leistungsmessung und Berichterstattung in unseren Städten durchzuführen. Solche Versuche sind bereits in verschiedenen Städten auf dem Weg. Die Möglichkeit, dabei Auslandserfahrung einzubringen, ist vorhanden. Über die Wirkungen des empfohlenen Vorgehens braucht man nicht mehr zu spekulieren. Sie sind bewiesen – und bedeuten die Wiederbelebung wirksamer und evolutionsfähiger Demokratie. – Entscheidend wird es bei diesem Prozeß sein, der politischen Exekutive Freiheit für das Erproben und Ausgestalten neuer Wege zu gewähren. Auch in der Politik wird es sich zeigen, daß der Fortschritt von den kreativen Menschen getragen werden muß und nicht von Kollektiven!

*Welche Führungs- und Ordnungsstrukturen brauchen wir in der Zukunft?*

Die überlieferten Formen der Machtausübung stellen sich angesichts der neuen Anforderungen in Wirtschaft, Staat und Politik in Frage. Die Erarbeitung von neuen Zielen und die Entwicklung entsprechender Strukturen sind ein zeitaufwendiger und schwieriger Prozeß. Noch prägen Leitbilder der Vergangenheit die Erwartungen an unsere Führungskräfte. Häufig denken wir dabei an außergewöhnliche Persönlichkeiten, die ihre Lebensleistung aber unter sehr viel einfacheren und statischen Bedingungen erbracht haben. Unter den damaligen Verhältnissen konnte noch relativ hierarchisch geführt werden. Die Legitimation zum Führungsmandat ergab sich ursprünglich aus der persönlichen Befähigung und später vermehrt als gesellschaftliches Mandat – welches deutlich weniger Bezug zur Leistungsfähigkeit auswies. Alles spricht dafür, daß diese Elitenbildung in der Zukunft nicht mehr erfolgreich sein wird. Die heutige Aufgabenstellung kann nicht mehr mit wenigen überragenden Persönlichkeiten bewältigt werden. Der zunehmende Umfang und Schwierigkeitsgrad der Führungsaufgaben verbietet eine Zentralisierung der Macht. Der Wettbewerb der Ordnungssysteme verlangt in unserer Zeit soviel mehr Kreativität und Entscheidungskapazität, daß die konventionellen Führungspyramiden überfordert sind.

Für die Zukunft müssen wir Ordnungsstrukturen entwickeln, in denen viele Verantwortliche in ihren Positionen und Leitungsebenen Verantwortung übernehmen. Dies gilt nicht nur für die ordnungsgemäße Bearbeitung des Auftrags, sondern vor allen Dingen für die Weiterentwicklung von Verfahren und Produkten. Die ursprünglich unternehmerische und kreative Funktion an der Spitze der Organisation muß weiter entwickelt werden in ein strukturiertes System der Delegation der Verantwortung. Eine solche Umstellung kann nur gelingen, wenn sich die Verantwortungsträger auf allen Ebenen mit der Zielsetzung und den Arbeitsbedingungen identifizieren. Die Aufgabenstellung an der Spitze der Organisation wird in der Zukunft neben verschiedenen Steuerungsfunktionen vor allem auf die richtige Strukturierung ausgerichtet werden müssen. So ist z. B. im operativen Bereich das lähmende Dickicht von Vorschriften abzulösen durch ein hohes Maß an Gestaltungsfreiheit, verbunden mit der Aufforderung, neue Wege zu finden.

Entsprechend wird sich das Leistungsprofil der Verantwortlichen verändern. Es genügt nicht mehr, Durchsetzungsfähigkeit und Planerfüllung zu gewährleisten, sondern zunehmend werden die Anforderungen an Kreativität, Gestaltungsfähigkeit und Menschenführung in den Vordergrund rücken. In diesem Zusammenhang wäre die Frage zu beantworten, ob wir solche Führungskräfte finden bzw. entwickeln können.

Die Eigenschaften, die wir heute von einer Führungskraft fordern müssen, sind vergleichbar mit den Anforderungen, welche heute an den mittelständischen Unternehmer gestellt werden. Der Unternehmer muß fähig sein, eine Chance zu erkennen und zu gestalten. Diese Fähigkeit ist nach meiner Auffassung in vielen Menschen latent vorhanden – aber nur wenige haben den Mut oder die Gelegenheit, ihr kreatives Potential zu erfahren und auszunutzen. – Beim unternehmerischen Menschen spielt neben einer gewissen notwendigen Veranlagung das Lernen aus der praktischen Erfahrung eine große Rolle. Die Anreize des Erfolges sind für ihn so prägend wie die Mißerfolge. Unternehmer sind nicht von vornherein erfolgreich. In den meisten Fällen müssen sie sich ihre Befähigung hart erarbeiten. – Die Chance, eine solche Lehrzeit zu erfahren, hatten früher in der Wirtschaft sehr viele Selbständige. In den Großbetrieben unserer Zeit können vergleichbare Lernprozesse kaum noch stattfinden. Dort ist es inzwischen oft ähnlich wie beim Staat – wo seit langer Zeit zuviel geregelt und verboten wird. – Eine deutlich spürbare Schwäche in der Qualität des Führungsnachwuchses in den Großbetrieben ist die konsequente Folge. – Entsprechende personalpolitische Fehlentwicklungen sind in allen Großorganisationen inzwischen eingetreten. Überall, vor allem aber in Staat und Politik, fehlen die eigenständigen erfahrenen und kreativen Führungskräfte.

Nach meiner Auffassung wäre eine Besserung der Situation bei weitem nicht so schwierig, wie vielfach vermutet wird. Wenn man erst einmal die Notwendigkeit der Delegation von Verantwortung unter Gewährung von Freiheit als Prämisse der Evolution verstanden hat, ergeben sich die erwünschten Lernprozesse für die Führungskräfte nahezu automatisch. Sicherlich braucht dieser Prozeß ein oder zwei Jahrzehnte. Ein grundlegender Wandel dieser Art ist möglich und sollte von uns gefordert werden!

Als Demokraten müssen wir also lernen, den Verantwortlichen in Wirtschaft, Staat und Politik die Erkenntnis zu vermitteln, daß sie im Interesse ihrer Aufgabenbewältigung Verantwortung delegieren müssen. Sie müssen ferner begreifen, die im kreativen Prozeß unvermeidlichen Fehler zu ertragen und zu rechtfertigen. – Gar nicht so schwierig wird es sein, auf dem geschilderten Weg viel mehr Menschen – und damit mehr Kreativität – zu mobilisieren und heranwachsen zu lassen. Bis zum heutigen Tage nutzen wir das vorhandene Gestaltungspotential der Menschen viel zu wenig! Hier ruht eine Leistungsreserve größten Ausmaßes! Wenn es gelänge, diese Kräfte freizusetzen, gäbe es das Problem »Standort Deutschland« bald nicht mehr!

So plädiere ich zusammenfassend für die Fortschreibung unserer Ziele, Strukturen und Arbeitsmethoden. Wir müssen die neuen Ziele und Ordnungen den heutigen Bedingungen und dem neuen Selbstverständnis der Menschen anpassen. Und unsere Führungselite muß die Einsicht und Bereitschaft gewinnen, daß nur größere Handlungsfreiräume zu gesteigerter Leistungsfähigkeit und gleichzeitig zu Fortschritt führen. – Im Interesse unserer Zukunft und insbesondere auch im Bemühen um eine menschlichere Ordnung fordere ich deshalb Freiheit für den kreativen Menschen!